仙台・福住町方式

減災の処方箋

1人の犠牲者も出さないために

菅原康雄
三好亜矢子

新評論

はしがき

菅原　康雄

東日本大震災から丸４年が経ちました。マスコミに登場する頻度も減り、日本全体のなかでは大方の人々の記憶から遠ざかりつつある反面その傷跡は、私も含めて、被災地の人々の心のなかで今も生々しく残っています。

内閣府が発表した「２０１２年度防災白書」によれば、マグニチュード６・０以上の大きな地震が10回発生した場合、そのうち２回は日本で起きているといわれるほどの地震多発地帯であることに加えて、近年、温暖化にともなう気候変動により、日本を襲う自然の猛威は激しさを増しています。

いつ、どこで起きてもおかしくない災害に対して、神ならぬ身の私たちには災害を１００％防ぐことはできません。被害をできるだけ少なくする「**減災**」に力を入れるしかないのです。そして、いざというときに頼りになるのが身近な住民同士のつながりです。たとえば、

2

今から20年前の阪神淡路大震災の発災時、ある調査では、地震によって倒壊した建物から救出され生き延びることができた人の**約8割が、家族や近所の住民等によって救出**されており、消防、警察および自衛隊によって救出された人は約2割にとどまったという結果が出されています。

【阪神淡路大震災における救助の主体と救出者数】
近隣住民による救出者数――約2万7000人（約77・1％）
消防、警察、自衛隊による救出者数――約8000人（約22・9％）
（推計：河田惠昭「大規模地震災害による人的被害の予測」『自然科学』第16巻第1号、1977。割合は内閣府による追記）

災害時に「公助」を頼りに待つのは、あまりにリスクが高く、身の回りの人たちこそ、お互いの命を助け合うかけがえのない存在であることがわかります。自分たちの力で生き延びること、すなわち「自分たちの町は自分たちで守る」という覚悟を定めることがより現実的な選択肢といえます。

私の住む福住町《ふくずみまち》は、宮城県仙台市東部の郊外にある、45年ほどの歴史しかない新興住宅地です（町となったのは１９７１年12月です）。住民数約１５００名の、ごく平凡な町です。しかし、２００３年に起きた宮城県北部連続地震をきっかけに、町内会を中心とした自主的な防災活動に本腰を入れはじめました。そして、10年以上にわたる試行錯誤を経て、「**福住町方式**」と呼ばれるシステムを生み出すに至りました。私たちの合い言葉は、「この町からは１人の犠牲者も出さない」です。いわば究極の**減災**をめざしています。私は30年前にこの町に移り住み（動物病院を開業しました）、16年前の１９９９年1月からこの町内会の会長を務めさせていただいています。今年（２０１５年）で17年目となります。

本書のなかでこれからお話ししますが、私たちの取り組みのポイントは大きく４つあります。

第1は、「いざというとき、お互い助け合おう」と町内の皆さんの現状を正確に把握するために進められてきた**名簿づくり**です。住所や氏名、ペットの名前に至るまで細かな個人情報の提供を求めています。最も力を入れているのが**「重要支援者」のリスト**です。重要支援者とは、１人暮らしのお年寄りや障がい者の方、家族と同居していても日中は１人でお過ごしの高齢の方などを指します。災害発生のときには、町内会の執行部役員が、それぞれ担当している重要支援者のお宅に真っ先に駆けつけ、安否確認を行います。

第2は、2003年に定めた「**防災　わがまち　福住町自主管理マニュアル**」に基づく、年に1度、秋に行われる**福住防火・防災訓練**です。町内会員の3分の1以上に当たる約400名が参加し、町の中央に位置する仙台市立の福住町公園を会場に基本的な消火器操作訓練から最先端のレスキューロボットを使った救援活動の模擬訓練まで多彩なプログラムが繰り広げられます。

第3が仙台市内外の町内会や市民団体・グループと結んだ「**災害時相互協力協定**」です。行政同士、たとえば東京都とロンドン市が姉妹都市協定を結んでいる例がありますが、その町内会版とお考えください。災害が起きれば助け合うのは大前提ですが、年間を通じてソバ打ち体験や雪掘りボランティアなどさまざまな形で交流を楽しんでいます。

そして、最後のポイントがこれらの土台となる**日頃のご近所づきあい**です。「雪の凍った朝に融雪剤をまく」「登下校の子どもたちに挨拶をする」「ご近所同士、声がけをし合う」など、読者の皆さんは、あまりの当たり前さに拍子抜けされるかもしれません。しかし、普段の暮らしのなかで、町内に住む1人ひとりが家族や友人、知人を大切にして、ゆるやかにつながっていることが災害のときには大きな力を発揮します。

2011年3月11日に起きた東日本大震災では、あらためて「福住町方式」の真価が問われました。甚大な被害を受けた他の被災地の皆さんには申しわけない気持ちもいたしますが、福住町では幸いなことに人命に関わる大きな被害はありませんでした。「重要支援者」の安否確認も1時間のうちに完了し、町内の集会所に約100人が身を寄せ合い、コメや灯油など備蓄物資を活用しながら苦しいときを乗り越えました。行政からの支援は一切、ありませんでした。また、野菜などの食料が乏しくなった発災4日後には、「災害時相互協力協定」などを通じて交流のあった山形県や新潟県などの地域から続々と支援物資や義捐金をお届けいただきました。さらに、震災前から親交のあった仙台市高砂《たかさご》市民センター（宮城野区）から寄付された支援物資を、より被害の深刻な被災地域にお届けすることもできました。その地域は、北は岩手県大船渡市の中心市街地からさらに東部の三陸町綾里、南は宮城県山元町、福島県南相馬市まで、2015年1月11日現在で合計223ヶ所に及んでいます。私たちの方式は、ともかくも一定の成果を収めたといえるのではないかと、心のなかでは小さくガッツポーズをした次第です。

だからといって、「福住町方式」が完璧だと誇り、全国の津々浦々で、「福住町方式」をそのまま踏襲してほしいわけではありません。本文で詳しくお話しするとおり、まだまだ改善の余地がたくさん残っています。これからも住民の皆さんとともに、知恵を出し合って工夫を重ねていきたいと思っています。

ただ、私の気持ちとしては、「私たちのような小さな町内会でも、『1人の犠牲者も出さないための』防災活動に努力を傾注すれば、これだけのことはできるよ」という灯りを掲げたつもりです。皆さんの町には皆さんの町にふさわしい方式が必ずあるはずです。私たちのささやかな実践が、少しでも読者の皆さんの参考になれば、これ以上の喜びはありません。

仙台・福住町方式

減災の処方箋／もくじ

はしがき（菅原康雄）　1

第1章　災害に敏感な町――「福住町方式」の誕生……菅原康雄　17

一　多発する水害と地震――私たちの町　18

福住町の災害史　26

二　全員参加型の「福住町方式」　28

●町独自の防災マニュアル　28

●ユニークな防火・防災訓練　31

●「災害時相互協力協定」の呼びかけ　35

三　東日本大震災、発災　37

●重要支援者の安否確認　37

●集会所で炊き出し　41

●「来たゾォー」の声　44

●被災地へ走る　47
●動物ふれあい活動も　51

第2章　日常の活動が原点——1人の犠牲者も出さないために……菅原康雄　55

一　名簿づくり——減災の第一歩　57
●2ヶ月で名簿完成　59
●重要支援者をマッピング　60
●個人情報の保護？——自分の責任で情報提供　62
●楽しみをたくさん作る　64
二　自主防災マニュアルを訓練する　69
●災害時の役割分担　69
●マニュアルのもう1つの特徴　73
●300余りの公共施設・自治体・町内会・個人に配布　78
三　天水桶で水を貯める　79
●深刻な水質汚染　79

●町内会主体の浄化活動　80
●仙台リバーズネット・梅田川とタッグ　81
●震災時の生活用水　85

四　ペットの同行避難――ストレスを軽くする　86
●用意するもの　88
●避難所で同居するには　89
●預け先を決めておく　89
●迷子予防にマイクロチップ　90

五　仙台東部道路の開放　91

寄稿1　世代間の連帯を求めて――学校を拠点に地域を紡ぎ直す　赤木高鉠　94

第3章　**防災訓練は祭りだ！**……三好亜矢子　103

一　第12回福住防火・防災訓練　105
●旗で安否確認　106
●安全を示す黄色　108

●プライバシーを守る 110
●マンションやアパートは未加入 111
●中学生の参加 115
●減災をめざす活動に重点 121
●災害時相互協力協定相手との交流 127
●たかがトイレ、されどトイレ 129
二 チームワークの良さが魅力——訓練を終えて 134
寄稿2 マンションの防災対策 若山徹 137

第4章 町内会同士のネットワーク……菅原康雄 145

一 「災害時相互協力協定」を呼びかけ 146
二 新潟県中越地震で「押しかけ支援」 147
三 初めての協力協定、締結 156
四 雪掘りボランティア 160

五　広がる地域連携　164

寄稿3　水平に広がるネットワーク――「共助」概念を一新する福住の実践　生江明　167

第5章　震災の教訓を忘れない……………………………三好亜矢子　181

一　女性リーダーの出番　182

●女性ならではの悩みと支援への参加意識　185

●仙台市地域防災リーダー（SBL）の養成　188

●せんだい女性防災リーダーネットワーク　191

岩切・女性たちの防災宣言　193

岩切・女性たちの防災宣言2015　194

二　小規模の弱みが強みに　195

三　若い世代とパートナーシップ　198

●朝日新聞の調査に見る「単身高齢者」の実態　199

●福住の未来　201

あとがき（三好亜矢子） 207
謝辞（菅原康雄・三好亜矢子） 213

※本書に登場する方々の年齢はすべて言及当時のものです。

仙台・福住町方式

減災の処方箋

1人の犠牲者も出さないために

防災とは、支え合いです。

第1章

菅原康雄

災害に敏感な町

「福住町方式」の誕生

一　多発する水害と地震――私たちの町

　災害に強い町内会をめざして、現在もまた試行錯誤を繰り返している私たちの町、福住町。２０１５年１月１日現在、町内会加入世帯４１２戸、会員数１１６７名、内、65歳以上の高齢者３２５名（内、75歳以上の後期高齢者＝要支援者１８０名）、町内会がリストアップした「**重要支援者**」は72名です。２０１４年10月１日現在の福住町の全住民数は１５４１名、８００世帯ですので、町内会加入率は51・５％、会員数で75・７％となっています。

ごく普通の住宅地です。

線路の向こうは田園地帯。

　地理的には宮城県仙台市東部の郊外、宮城野区内にあります。同区はほぼ平坦な土地ですが、同区の北は丘陵地帯で東は仙台湾に面しています。福住町はその中央に位

蒲生海岸（仙台湾）へと注ぐ七北田川河口。

中野地区に建てられた慰霊塔。

置する住宅地です。仙台―石巻間を東西に結ぶＪＲ仙石線《せんせき》の仙台駅から６つ目の福田町駅で降りれば、南西方向に徒歩15分、線路をはさみ北側が水田地帯、南側が私たちの福住町です。南隣には梅田川《うめだ》が流れ、その先には三陸の海岸線へと延びる国道45号線が走っています。周辺には東北薬科大学病院や高層マンションなどの大きな建物が点在しています。梅田川は仙台の町を西から東に流れる流域面積28平方キロメートル、長さ15キロメートル、川幅約20メートルの小さな二級河川です。同じく二級河川、七北田川《ななきた》に福田町で合流し、３キロ下れば、今回の震災で壊滅的な被害を受けた中野地区、干潟で有名な蒲生《がもう》海岸へと注ぎます。

この川が良きにつけ、悪しきにつけ私たちの町の象徴的な存在となっています。春になれば、土手には私たちの町から福田町にかけて約１キロにわたり菜の花が咲き乱れ、のどかな風景が広がります。あとで述べますが、私たちの町内会ではこの川を舞台に毎年、夏になれば灯籠流しや花火大会を開いています。秋には、西の泉ケ岳、蔵王《ざおう》連峰の夕日が美しく川面を彩ります。また、コスモスの花の咲き、鑑賞会も行われます。堤防の法面《のりめん》では家庭菜園が盛んで、冬になれば、ホウレンソウやダイコンなどが青々とした葉を広げています。シラサギが悠々と小魚をついばむ姿も楽しめます。私（菅原）が、宮城県中央部、全国有数の漁港を擁する生まれ故郷の塩竈《しおがま》市を離れ、ここで動物病院を開業することになったのも、このゆ

福住町と梅田川。菜の花が美しい。

堤防下は家庭菜園。

ったりとした環境の美しさに魅せられたからに他なりません。

しかし、大雨が降るとあたりの様子は一変します。町ができた45年前から度々、洪水に襲われてきたのです。

１９６０年代半ばから70年代の初めにかけての高度成長時代、全国の都市周辺では、郊外に向かって工場や住宅、高層マンション群などが無秩序に広がっていきました。スプロール現象と呼ばれるものです。減反のために水田を減らす政策もそれを後押ししました。１９７０年代から80年代にかけての仙石線沿線でも、水田を埋め立て、その跡地に一戸建てを中心とする住宅建設がさかんに行われました。福住町もその1つです。

この地域は梅田川が運ぶ泥が溢れて堆積した土地であるため、もともと低地のうえ、地形的に川に向かって緩やかに傾斜しています。そのため、激しい雨が降ると坂を下るように水が北から南へと道路を走り、町全体がため池のようになってしまいます。

たとえば、１９８６年8月5日、仙台市の沖合を通過した台風10号がもたらした大雨では、全戸が床下・床上浸水するという水害に見舞われました。水が近隣町内会の1階の鴨居に達したときのことを思い出すと、今でも恐ろしさに体が震えます。このような水害は、私がここに移り住んでからも大小10回を数えます。少し、大げさにいえば、ほぼ毎年、水害に遭っ

1986年の台風10号。200年に１度といわれる大雨で福住町は全戸浸水。奥に梅田川の堤防が見える。

普段は穏やかな梅田川。

ているといっても過言ではありません。「大雨が降ったら、ここより標高の高い小学校にいなさいね。無理して帰っては駄目よ」と日頃からわが子にいい聞かせているお母さん、お父さんも少なくありません。

幸いにして、過去の水害でこの町から犠牲者が出たことは1度もありません。**「命が大事」**をスローガンに、防火・防災活動に積極的に取り組んできた背景には水害に何度も襲われてきた実体験があったのです。

２０１４年8月に列島を横断した台風11号、12号による大雨。このときには、町内会会長として、町内の中央に位置する広さ５００坪ほどの福住町公園を開放し、浸水が予想される世帯の臨時駐車場に充てました。敷地内には福住町集会所があります。「えっ、市の許可も取らずに、そんな勝手なことをして大丈夫なの」といわれそうですが、災害は待ってくれません。ご心配はいりません。使ったあと、きちんとしておけばよいのです。緊急の場合、公園のような公共施設の利用について行政に何から何まで許認可を求める余裕はありません。「間に合わなかった」では済まない事態への対応を最優先する必要があります。公園の利用においては、緊急度や必要に応じて住民がイニシアティブを取ることが大切と考えてきました。都市公園法第1条が謳うように、「公共の福祉の増進に資する」ことが公園の第一の目

福住町公園。

的なのですから。公園は〝みんなのため〟にあるのです。

水害以外ではやはり地震災害です。これは今や全国的に対策が急がれる課題です。１９７８年６月12日17時14分25秒に発生した宮城県沖地震（マグニチュード７・４）では28名の方が犠牲となり、うち18名の方が門柱やブロック塀、自動販売機の下敷きになって命を落とされました。負傷者約１万名、建物の全半壊７４００戸、停電70万戸、断水は７０００戸にまで達しました。人口50万以上の大都市（当時の仙台市は65万）が経験した初めての都市型震災でした。これを教訓に、１９８１年には耐震性強化に関する建築基準法の改正が行われました。

多くの水害と地震に見舞われてきたこの経験が「福住町方式」を生み出す大きな原動力となりました。次ページの「福住町の災害史」は、私たちの町が経験した災害とそれへの対応をまとめたものです。

「自分たちの町は自分たちで守る」を合い言葉に**自主防災組織**を立ち上げたのは12年前の２００３年です。宮城県沖を震源

福住町の災害史

年月	災害	被害規模	福住町の被害と対応
1960 5.24	チリ地震津波	チリの大地震（M9.5）で発生した津波が日本列島の太平洋岸に来襲。北海道南岸、三陸沿岸を中心に死者・行方不明者139名、被害家屋４万6900戸余、船舶被害4000余艘。	筆者の故郷、塩竈市も大きな被害を被る（本書58ページ参照）。福住町はまだ存在していないが、筆者のこの体験が福住町での取り組みに大きな影響を与えたことは確か。
1978 6.12	宮城県沖地震	震源、宮城県沖。M.7.4の地震により、死者28名（内、ブロック塀倒壊などによる圧死18名）、負傷者約１万名。	罹災甚大。家屋損壊多数。ライフライン寸断。
1986 8.5	台風10号	200年に１度の大雨（402ミリの集中豪雨）。	約400世帯、全戸床下・床上浸水。
2003 7.26	宮城県北部連続地震	震源、宮城県北部。M6.4の地震により、負傷者677名、全半壊家屋約5000棟。	防災に本腰。名簿と自主防災マニュアルづくりに着手。安否確認などを実践。災害時相互協力協定を全国に発信。
2005 8.16	宮城県沖地震 （８・16地震）	震源、宮城県沖。M7.2の地震により、負傷者約100名。北海道から徳島まで広範囲に震度１以上を記録。	発生、午前11時46分。12時18分より安否確認を実施。１時間半後、町内会全374世帯中、27世帯の要支援者を含む重要支援者65世帯の調査を終了（人的被害：顔面頬部打撲１名、物的被害：酒類を扱う商店１件）。結果を宮城野区役所災害対策本部に報告。
2008 6.14	岩手・宮城内陸地震	震源、岩手県内陸南部。M7.2の地震により、死者・行方不明者23名、負傷者488名。多くは土砂災害によるもの。	福住町周辺、震度５強。車のクラクションを鳴らしながら町内を１周。重要支援者宅を訪問、安否確認。発災から１時間半で調査を完了。負傷者等、被害ゼロ。結果を宮城野区役所災害対策本部に報告。
2011 3.11	東日本大震災	震源、三陸沖。M9.0。日本の観測史上最大の大地震により、死者・行方不明者1万8475人、全半壊家屋約40万棟。東北から関東の太平洋岸地域、地震後の津波により壊滅的な被害を被る。	福住町周辺、震度６強。発災から約１時間で重要支援者の全員無事を確認。住民約100名が福住町集会所に避難。全国から寄せられた救援物資を他の被災地に搬送。菅原動物病院、50～70センチ浸水。
2011 9.20～22	台風15号	最低気圧940hPa、東日本上陸台風として戦後最大級の１つ。暴風雨による死者・行方不明者18名、負傷者337名。	梅田川と合流する七北田川河口右岸堤防、３月の大震災時に決壊した箇所が再び決壊。菅原動物病院、１メートル浸水。
2014 8月上旬	台風11号・12号	２つの大型台風、相次いで日本に襲来。暴風と大雨により死者６名、負傷者88名、全半壊20棟、床上浸水1562棟、床下浸水4402棟。東北地方も広範囲で大雨。	住民の自家用車を浸水から守るため、福住町公園を駐車場として開放。

とする大地震が30年以内に99％の確率で発生すると騒がれた年です。その年に起きた宮城県北部連続地震がきっかけとなりました。宮城県北部（鳴瀬《なるせ》町・矢本《やもと》町（現、東松島市）、河《か》南《なん》町（現、石巻市）周辺）を震源としたこの地震では、最大震度6弱を超える震動が1日のうちに3回も発生しました。私たちは「**防災　わがまち　福住町自主管理マニュアル**」を作成し（全53ページ。その後20ページ分の記事・写真を追加）、それに基づいた**防火・防災訓練**を毎年秋に行うようになりました。また、〝姉妹都市〟をイメージして他の町内会、グループと交流を深め、いざという時に互いに助け合う「**災害時相互協力協定**」の呼びかけも行うようになりました。マニュアルについては第2章、防火・防災訓練

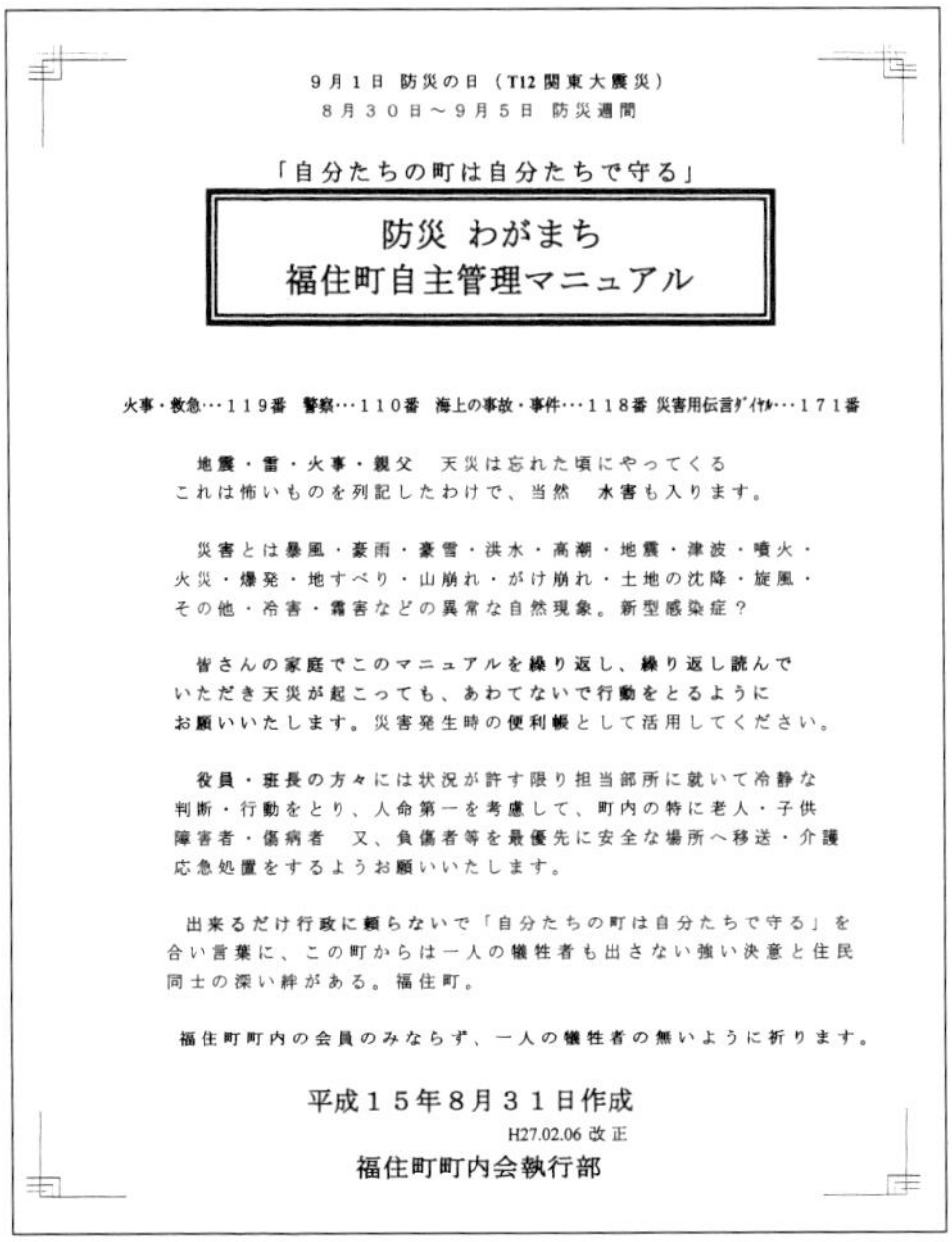

9月1日 防災の日（T12関東大震災）
8月30日～9月5日 防災週間

「自分たちの町は自分たちで守る」

防災 わがまち
福住町自主管理マニュアル

火事・救急…119番　警察…110番　海上の事故・事件…118番 災害用伝言ﾀﾞｲﾔﾙ…171番

地震・雷・火事・親父　天災は忘れた頃にやってくる
これは怖いものを列記したわけで、当然　水害も入ります。

災害とは暴風・豪雨・豪雪・洪水・高潮・地震・津波・噴火・
火災・爆発・地すべり・山崩れ・がけ崩れ・土地の沈降・旋風・
その他・冷害・雹害などの異常な自然現象。新型感染症？

皆さんの家庭でこのマニュアルを繰り返し、繰り返し読んで
いただき天災が起こっても、あわてないで行動をとるように
お願いいたします。災害発生時の便利帳として活用してください。

役員・班長の方々には状況が許す限り担当部所に就いて冷静な
判断・行動をとり、人命第一を考慮して、町内の特に老人・子供
障害者・傷病者　又、負傷者等を最優先に安全な場所へ移送・介護
応急処置をするようお願いいたします。

出来るだけ行政に頼らないで「自分たちの町は自分たちで守る」を
合い言葉に、この町からは一人の犠牲者も出さない強い決意と住民
同士の深い絆がある。福住町。

福住町町内の会員のみならず、一人の犠牲者の無いように祈ります。

平成15年8月31日作成
H27.02.06 改正
福住町町内会執行部

福住町町内会が作成した自主防災マニュアルの表紙／2015年2月6日改定。

に関しては第3章、災害時相互協力協定については第4章で詳しくお話しします。ここではこれらの取り組みの大枠を簡単にご紹介いたしましょう（一部、後段で繰り返し記述する箇所もありますが、これらは福住町町内会の三大減災活動といえる取り組みですので、ご容赦ください）。

二　全員参加型の「福住町方式」

町独自の防災マニュアル

福住町町内会は、隣り合う10数軒を1班（隣組のような町内会の最小単位）にまとめて全20班とし、隣り合う2〜4班を1区画と見なせば大体7ブロックに分けることができます（町の中心にある福住町公園・集会所は災害時には災害対策本部・緊急避難場所として利用されます）。班長さんの数は全20班で20人。町内会役員としての役割を任期1年の輪番制で担います。また、執行部役員は任期2年で、構成は会長（1名）、副会長（20名以内）、会計（1名）からなる執行部三役と監事（2名）、幹事（25名以内）、相談役（若干名）となっています。２０１５年度の役員は総勢57名、内、執行部役員は37名（執行部三役15名〔会長1

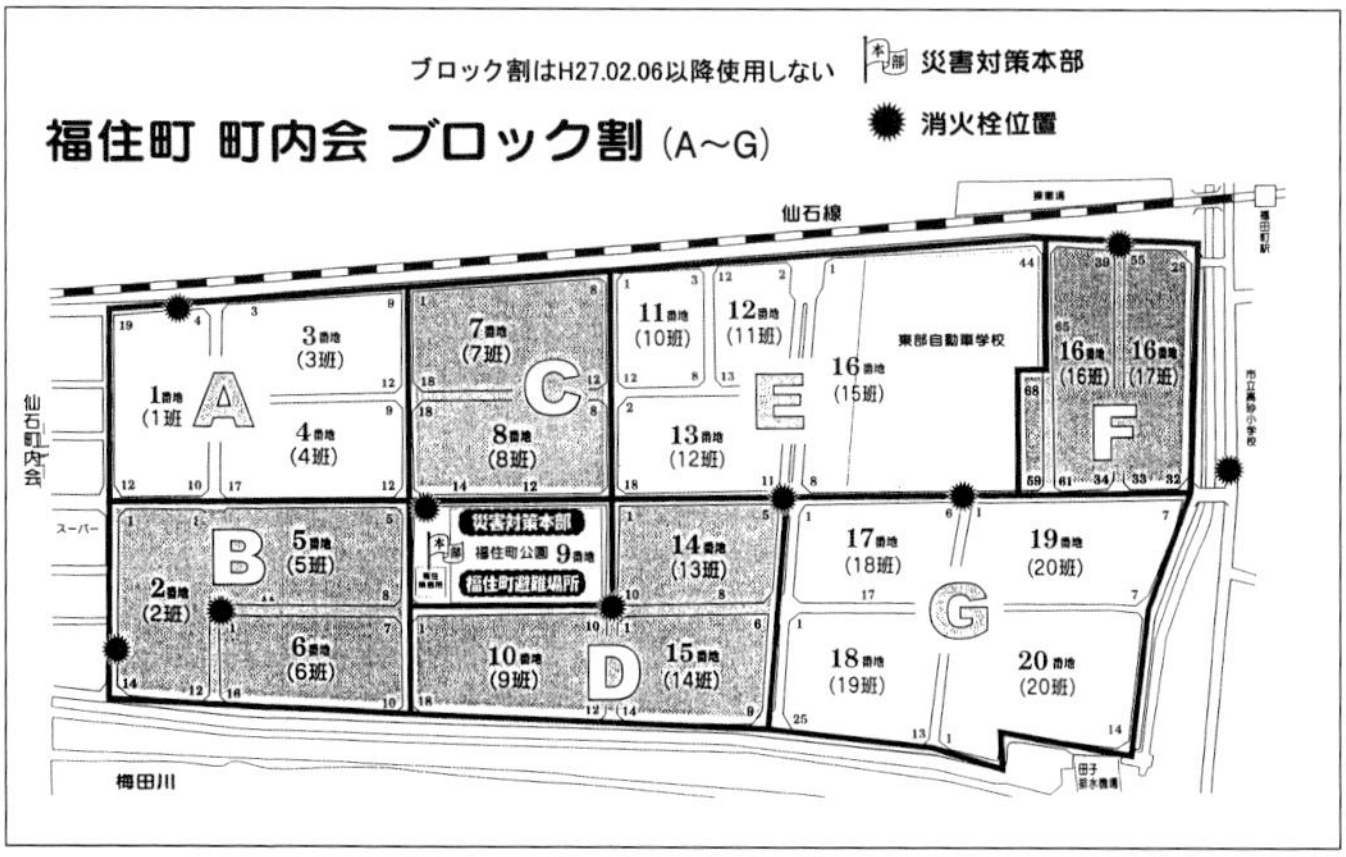

組織の複雑化を避けるためブロック割は現在行っていないが、執行部では今もこれを災害対策の1つの目安にしています（マニュアル11ページより）。

名、副会長13名、会計1名）、監事2名、幹事20名）です。役員の人口密度がこれほど高い町内会は全国でも珍しいのではないでしょうか。図1（次ページ）に見るように、各役員は減災・防災活動に関するさまざまな役割を担っています。役付きになれば、それだけやる気が出るというものです。私は、もっともっと副会長をやりたいという志願者が増えればよいのにと思っています。

町内会としての年間予算は300万円弱、その約7割を1世帯当たり月額400円の町内会費で賄っています。

「防災　わがまち　福住町自主管理マニュアル」はA4判73ページ。「住民それぞれが役割を持つ」ことをキャッチフレーズに、災害時の

図１　福住町町内会役員組織図（2015年度，全57名）

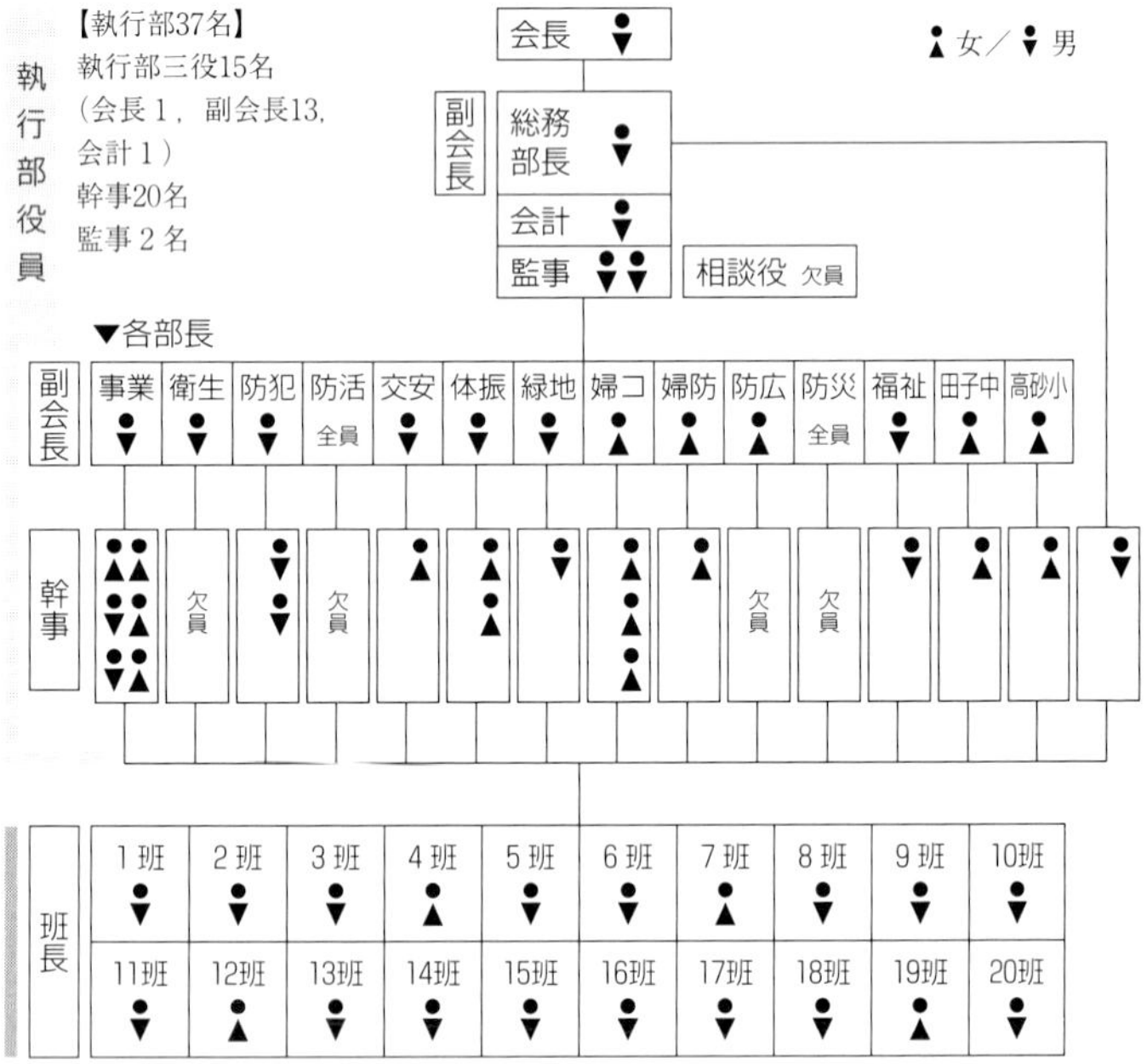

＊防活＝防犯活動，交安＝交通安全部，体振＝体育振興部，婦コ＝婦人コスモス部，婦防＝婦人防火クラブ，防広＝防災減災広報部，防災＝防災活動，田子中＝田子中学校福住地区，高砂小＝高砂小学校福住地区（福住子供会）。

＊防犯活動と防災活動は役員全員が担当。

心得や役割を明記しました。災害時の組織編成と役員・担当人員の役割および連絡網に始まり、指定避難所やガソリンスタンド、薬局、スーパーなど、災害時の連絡施設については地図入りで掲載。災害時備蓄品リスト、家庭でできる防災対策、地域の災害史の記録も収録しました。さらには、町内会員の氏名・生年月日・住所・緊急連絡先などの個人情報を管理する「災害緊急時名簿」づくりへの提案や「災害時相互協力協定」への呼びかけも盛り込み、獣医師という私の仕事柄、ペットの避難についても多くのページを割きました。

この膨大なマニュアルを基に、私たちは執行部三役を中心にさまざまな防災・減災活動に取り組んできました。福住町町内会の自主防災組織の特徴の１つは、町内会に加入する全世帯が班単位で、「救援物資班」や「給食給水班」など５つの災害対策グループのいずれかに属していることです。まさに、**全員参加型**の取り組みです。

ユニークな防火・防災訓練

このマニュアルを実践するために、２００３年の11月、第1回目の「**福住防火・防災訓練**」を実施しました。以来毎年秋に、前回の反省を生かし新しい試みを加えながら訓練を続けています。今年の秋で13回目を迎えます。

毛布による搬送訓練。

捜索犬の模範訓練。

JAF による被災車両移動の実演。

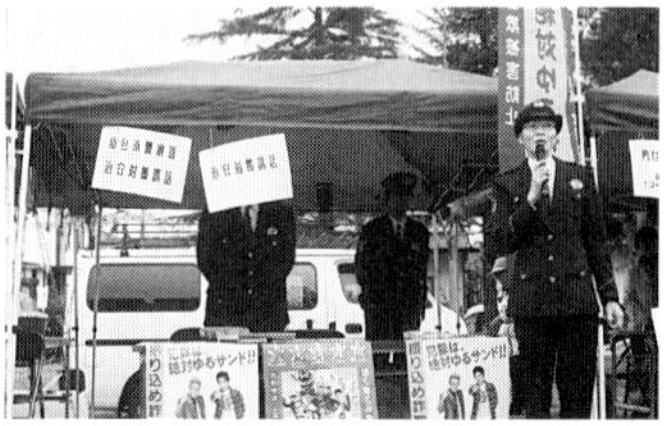

仙台東警察署による防犯講話。

仙台市水道局による給水実演。

日本赤十字社による救援・手当の実演。

（いずれも2013年11月10日、第11回福住防火・防災訓練にて）

訓練を行う場所は福住町公園です。５００坪ほどの広さの敷地内で仮設トイレの作り方を展示したり、毛布で担架を作って実際に人を運んだり、あるいは災害捜索犬や探索用レスキューロボットを駆使して家屋（木材・廃材で手づくり）内や乗用車内に閉じ込められた人を捜索したり、実際にジャッキなどを使って救出したりと、毎年プログラムの内容を変えて工夫を凝らした訓練を行っています。防犯の講話は警察署の方に、電気・ガス・水道・通信などライフラインに関する防災知識の啓発は各専門の方々にお願いしています。

人命救助には欠かせない災害時1次救急救命の実習は継続して実施しています。地元の病院関係者だけでなく、町内在住の医師や看護師や日本赤十字社宮城県支部スタッフ、柔道整復師の方々にも参加協力をいただいています。現在、町内在住の医療関係者は医師1名、看護師8名、歯科医師3名、その他3名といった状況です。

私としては、福住町周辺地域での医療連携を強くする必要を感じています。1995年の阪神淡路大震災のあと、災害時の緊急医療体制の充実をめざして同年5月に結成された「日本集団災害医学会」（東京）主催のワークショップに参加したとき、地域医療の重要性に自分がいかに無頓着だったかを思い知りショックを受けました。トリアージ（緊急時の医療処置での傷病者の優先順位）をイメージして、軽症者は福住町公園内の「緊急救護班」で手当てし、重症者は町の東部にある中核病院、東北薬科大学病院（旧、東北厚生年金病院／仙台市宮城野区福室《ふくむろ》）に搬送する訓練も将来的には行いたいところです。そのためにも宮城野区や仙台市全域の医療機関の間で、災害時の役割分担や連携を明確にする必要があると思っています。東日本大震災当時、同病院には避難者が殺到したため、本来の医療業務に集中でき

仙台市ガス局の方より 3.11 の復旧とマイコンメーターの講話
NTT 宮城の金沢さんより 3.11 時の通信状況講話
宮城県栄養士会の只野さんより栄養のバランス講話
防災士会の皆さんより
サバイバル飯炊き実演　おいしく炊けたかな？
共栄防災の畠山さんより防災用品展示販売
第一機材販売の久保さんより災害用備蓄トイレの説明
仙台市水道局より給水車の展示給水
3.11 災害時の説明と保存搬送用水パックの説明

平成２３年（2011年）　第９回 福住防火・防災訓練　於：福住公園　平成23年11月13日（日）

震災後初めての福住防火・防災訓練／2011年11月13日。

なかったのは苦い教訓です。

震災後、初めてとなる２０１１年11月13日に行われた第９回福住防火・防災訓練には約４００人、全町内会員のほぼ３分の１が参加しました。市内７町内会に加えて、愛知県西尾市西野町小学校区自主防災会連絡協議会の方々など県外の町内会関係者らも約30人が見学するなか、ＮＴＴ東日本宮城支店や仙台市ガス局の災害対応部門、防災用品メーカーなどが計18のブースを設置しました。

同年12月９日付の地元紙、河北《かほく》

新報にはこの訓練の様子が「防災『福住町方式』に脚光」という見出しで紹介されました。恒例となったこの福住防火・防災訓練。訓練のあとは毎回、参加者全員でサバイバル飯と豚汁で労をねぎらいます。

「災害時相互協力協定」の呼びかけ

私たちの取り組みのもう1つの特徴は仙台市内外の町内会と結んでいる**「災害時相互協力協定」**です。2003年、マニュアル作成と同時に、「自分たちの町は自分たちで守る」「互いに助け合う」を合い言葉に全国の町内会や自治会、市民団体に向けて「災害時相互協力協定」案を発信しました（これは日本では初めての試みです）。被害が甚大であればあるほど、行政もまた同時に被災しています。ライフラインの断たれた空白の1週間から10日間をどう乗り切るか。どこにでもある町内会や自治会となら手を組みやすいと考えました。近くの町や村なら土地勘もあるので行き来しやすく、普段の交流も楽しめます。締結書（「災害時の支援提携締結書」）はペラ1枚、謳われている文言は「この提携を締結した甲と乙の双方は、災害発生時にはボランティアで、できる限りの協力と支援を行う」というごくシンプルなものです（マニュアル39ページ）。「できる限りの」の文言は最近、「できる範囲の」という表現に

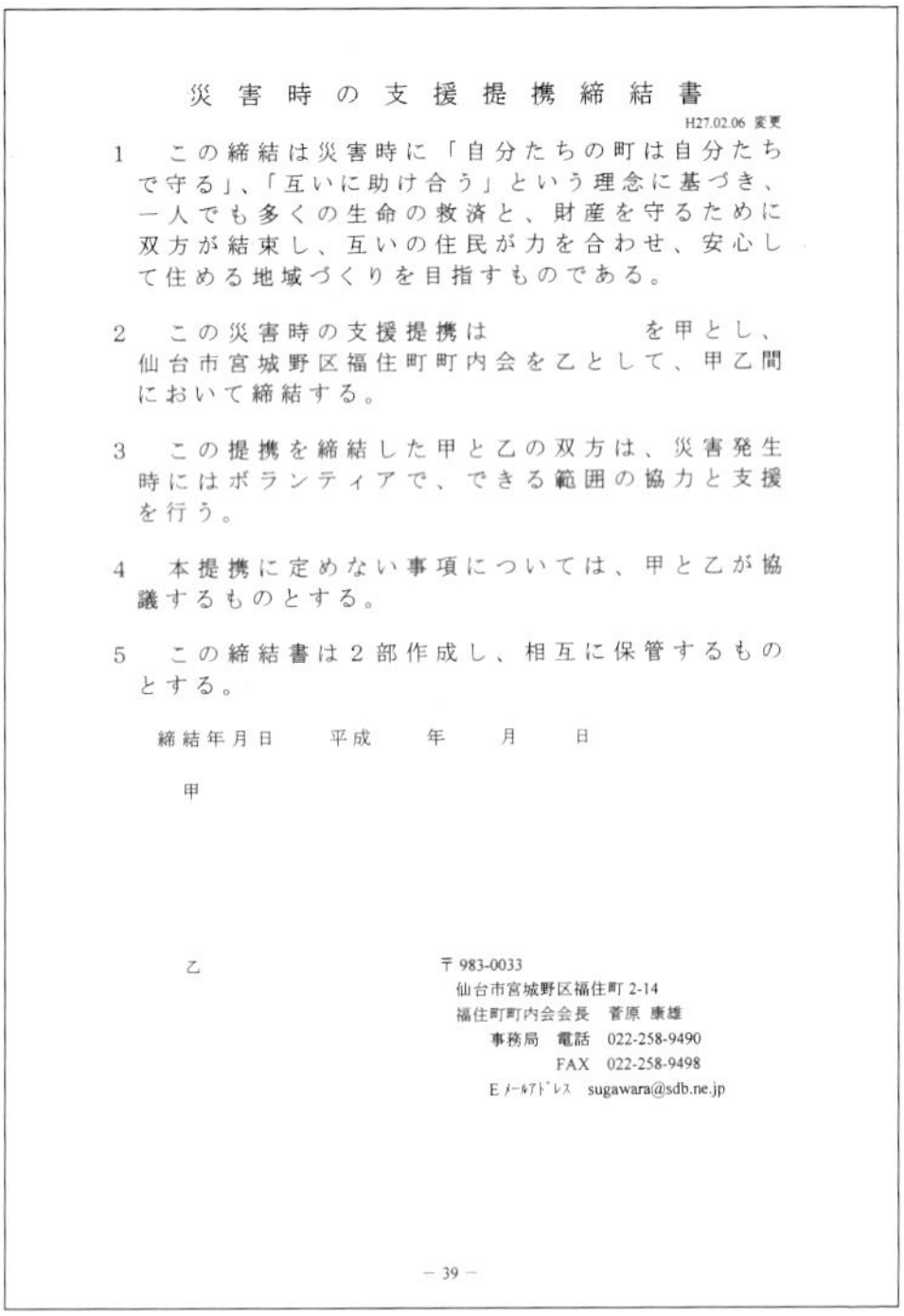
災害時の支援提携締結書

H27.02.06 変更

1　この締結は災害時に「自分たちの町は自分たちで守る」、「互いに助け合う」という理念に基づき、一人でも多くの生命の救済と、財産を守るために双方が結束し、互いの住民が力を合わせ、安心して住める地域づくりを目指すものである。

2　この災害時の支援提携は　　　　　を甲とし、仙台市宮城野区福住町町内会を乙として、甲乙間において締結する。

3　この提携を締結した甲と乙の双方は、災害発生時にはボランティアで、できる範囲の協力と支援を行う。

4　本提携に定めない事項については、甲と乙が協議するものとする。

5　この締結書は２部作成し、相互に保管するものとする。

締結年月日　　平成　　年　　月　　日

甲

乙　　〒983-0033
仙台市宮城野区福住町 2-14
福住町町内会会長　菅原 康雄
事務局　電話　022-258-9490
FAX　022-258-9498
Eメールアドレス　sugawara@sdb.ne.jp

— 39 —

「災害時の支援提携締結書」はごくシンプル（マニュアル39ページより）。

訂正しました。

２００６年に仙台市青葉区の花壇《かだん》大手町町内会と提携第１号を結び、２０１１年３月に東日本大震災が発生した時点では、塙山《はなやま》学区住みよいまちをつくる会（茨城県日立市金沢町）、鶴子《つるこ》地区連合区会（山形県尾花沢市）、市民グループの仙台リバーズネット・梅田川（仙台市青葉区菊田町（第２章参照））を加えた４つの町内会・市民団体と協定を結んでいました。震災時にはこの協定の相手先や交流のあった地域から沢山の支援物資や義捐金を届けていただくこととなりました。他の地域と交流してお互い顔見知りになるこうした関係は、２００４年に起きた新潟県中越地震の発災10日目に、町内で集めた支援物資と義捐金を車2台に積み込み小千谷《おぢや》市池ヶ原地区の方々に届けたのが始まりです。その後、山形県尾花沢市の豪雪地帯である鶴子地区には〝雪掘り体験〟と銘打って、町内のボランティアを募って現地におじゃましました。宿泊しながらお年寄り世帯の除雪作業をお手伝いするという交流です。今回の震災では普段からこうしたお付き合いを重ねてきたことが幸いしました。震災以降、ネットワークはますます広がり、2015年1月現在、仙台、山形、静岡、茨城の5つの町内会・自治会、仙台・長野の2つの市民団体、そして隣接する多賀城市内の1つの企業と協定を結んでいます（本書165ページ、表2参照）。

三　東日本大震災、発災

重要支援者の安否確認

2011年3月11日、午後2時46分。

東日本大震災が発生したとき、私たち福住町町内会がどのように対応したかを振り返ってみます。これまでの訓練は生かされたのでしょうか。いくつかのポイントをご紹介します。

当地区は震度6強でした。私はそのとき、菅原動物病院の隣にある同病院附属VTカレッ

震災当日、夕方の福住町。写真奥に梅田川の堤防。津波の遡上で水に浸かった。

ジで仕事をしていましたが、数分間にも及ぶ長時間の激震に見舞われました。揺れが収まってから病院に戻り、床一面に散乱した医療器具や書類の山をかき分けながら院長室入り口に、ようやくの思いでたどり着きました。本棚やパソコン機器などが床に落下した部屋を見て呆然となりました。ここにいたら死んでいたかもしれませんでした。

私たちのマニュアルでは、1人暮らしの高齢者など「重要支援者」をはじめとする6種類の名簿を作り（本書60ページ参照）、会長である私がデータをパソコンで管理し、出力したものを執行部三役である会長（1名）・副会長（最大20名）・会計（1名）がそれぞれ所有することを定めています（マニュアル33ページ）。発災時、重要支援者の安否確認を最優先で行うことが、執行部三役の皆さんの役割です。ところが、地震の凄まじい揺れによって、私たち三役の家もまた、家財が足の踏み場もないほど散乱したため、保管していた名簿がどこにあるのかわからなくなってしまいました。名簿のチェックができなくなってしまったのです。

それでも私たちは**直ちに、重要支援者の安否を確認するため、それぞれが担当している世帯に向かって走り出しました**。普段から名簿を頭のなかに叩き込んでいたのが幸いしました。当時の重要支援者42世帯53名の方々の安否確認は1時間ほどで完了し、全員無事との確認が取れました。その後、念のために私は執行部の数名とともに拡声器を持って町内を一巡し、重要支援者の皆さんに「大丈夫ですか」と声かけをしました（一般的には、まず役員さんたちが集会所に集まってから安否確認を行うという手順のようですが、私たちの町内会では、執行部三役が何よりも先に「重要支援者」宅に駆けつけます。そして、全体の安否確認の結果とともに集会所で集計し、区役所の災害対策本部に報告する体制を取っています）。

「はしがき」でも書きましたように、私たちの町内会では、1人暮らしの高齢者や障がい者の人たち、老夫婦など高齢者のみの世帯、家族と同居していても日中は1人で過ごす人たちを「重要支援者」と呼んでいます。一般的には「災害弱者」といわれますが、私たちは5年前にこの呼び方を改めました。「災害強者」などという人は1人もいません。誰であれ、いつ病気や事故に遭って「弱者」になるかもしれないのです。「明日はわが身」と考えれば、たまたま、そのとき、特別な配慮が必要になったという意味で「重要支援者」と呼ぶのが最も相応しいと思ったのです。

重要支援者への安否確認を終え、次に行ったのが、町内会が避難場所としている福住町公園内に、手づくりのトイレ（ビールケースを利用しました）と災害がれき置場を設置する作業です。また、この間、集会所への避難の呼びかけや、公園内での緊急対策本部の立ち上げ、備蓄倉庫から集会所への物資の搬入、照明用のバッテリーの起動なども行いました。これらの作業は執行部の役員が中心になって進められました。

地震の激しい振動で棚の上の本や食器などすべてのものが床に落ちましたが、町内会挙げて行ってきた家具転倒防止対策が功を奏して、幸いにも町内会での家具の転倒は1件を除いてはありませんでした。この1件というのが恥ずかしながらわが家のことです。転倒防止用の器具があまり堅牢でなく食器戸棚が倒れてしまいました。しかし全体としては住宅の損壊もなく、また、擦り傷を負う程度の軽傷者が数人出たものの、命に関わるような重傷例もありませんでした。調査結果は翌日、宮城野区災害対策本部へ届けました。

あとでわかったことですが、隣の福田町の一部でも、梅田川を津波が遡上し堤防を乗り越えていました。福山市立大学の澤田結基講師の調査（図2参照）によれば、梅田川が七北田川と合流する地点の近くで、堤防を越えて数戸の床下浸水が発生していました。これは201

図２　仙台市宮城野区福田町における小規模な津波浸水の痕跡

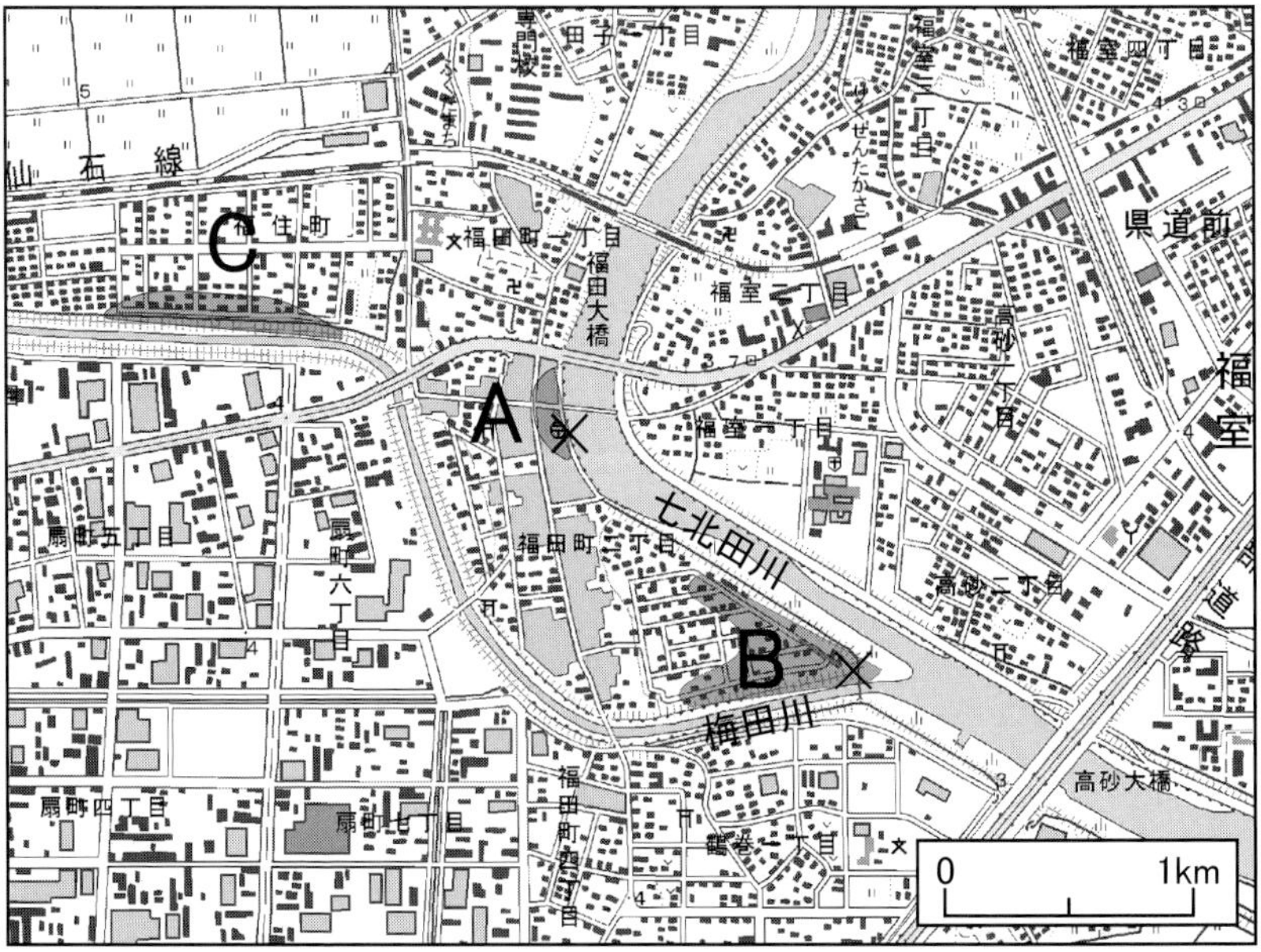

注：調査地域（国土地理院発行１：25,000地形図「仙台東北」）。Ａ～Ｃは、新聞販売店へのインタビューから津波の浸水があったと判断される場所を示す。×印は、堆積物・漂流物、および聞き取り調査から津波の越流が生じたと判断される場所を示す。
出典：澤田結基（福山市立大学）、2011年、http://www.ajg.or.jp/disaster/files/201106_fukudamachi.pdf

1年3月末に日本地理学会災害対策本部が作成した津波浸水図よりも0・5～1キロメートル上流で発生していました。私たちの町は危ういところで大浸水を免れました。

集会所で炊き出し

本震のあと、30分ほど過ぎた頃から、住民が移動しはじめました。電気もガスも水道も止まり、強い余震も続いたため、自宅にとどまることに不

訓練どおり、福住町集会場に100人が避難／2011年３月11日。

安を覚えた人たちが続々と集会所に避難してきました。赤ん坊を抱えたお母さんや車椅子に乗ったお年寄りなど、集まった住民はおよそ１００名。狭い集会所は足の踏み場もないほどでした。

「小学校など公的な避難所は、本当に大変な人のために空けておくように」――訓練のたびに周知してきたことですが、これが今回、功を奏し、住民の多くはご近所同士で声をかけ合って自宅に待機しました。集会所から歩いて10分ほどの仙台市立高砂小学校（福田町）へ避難した住民は70名程度に抑えられました。

辺りが薄暗くなってきても、まだ強い余震が続きます。小雪が舞って、気温はかなり下がりました。3月の日没は早く、私はじめ避難していた人たちも一緒になって、急いで炊き出しの準備にかかりました。集会所には災害用大釜２つ、コメ、味噌、しょう油、水、プロパンガス、発電機、石油ストーブを備蓄していました。野菜などは皆に呼びかけて持ってきてもらいました。このガス釜を使ってご飯と味噌汁の食事を２２０食分作り、午後７時28分に重要支援者宅や集会場に避難してきた皆に配りました。高砂小学校の校舎４階に固まって避難していた住民にも届けました。私の家に災害用に備蓄していた１００枚ほどの毛布も集会所に運びました。

発電機のおかげで電灯に照らされた室内は明るく、ストーブも温かい。このときはまだ、津波による死者・行方不明者が１万８０００人を超える大惨事となっていたことなど想像もできません。内心は不安だらけでしたが、**周りが**

震災当日、炊き出しを準備。

指定避難所、高砂小学校の体育館。最大1600名が避難した。

顔見知りで安心感があるのか、食事が終わった頃には次第に会話が増えたように思います。ラジオから流れる沿岸部の被害状況に皆、じっと耳を傾けていました。私たち集会所にいた住民は、身を寄せ合いながら21時には就寝しました。

「来たゾォー」の声

発災して2日、3日と経つうちに次第に焦りを感じるようになりました。集会所を頼りに集まってきた100名の皆さんの命をどう守ればよいのか、どう食いつないでいけばよいのかで頭がいっぱいでした。津波による死者の数がラジオから流れるたびに身を震わせました。「指定避難所はどこもいっぱいだ」「食事は1日パン1つらしい」。そんな噂が集会所でも飛び交いました。まして、私たちのいる集会所は指定避難所ではないため、行政から支援物資が提供されることはありません。「3日間は自力で頑張る」と防火・防災訓練で何度も繰り返し語ってきました。それはよしとして、では、4日目からは一体どうすればよいのやら、内心は頭を抱えていました。

3月15日。こうした焦燥感に悩みはじめた発災4日後の朝でした。集会所の窓ガラスを叩く音と懐かしい人の声がしました。思わず、オーッと声を挙げました。災害時相互協力協定

大勢で応援に駆けつけてくれた尾花沢市鶴子地区の皆さん。

を結んでいる山形県尾花沢市の鶴子地区の人たちでした。トラックにコメ、野菜、水、菓子、おにぎり、漬物を満載して手を振っていました。思わず駆け寄り、堅く手を握りしめました。**「来たゾォー」の声がこんなに胸に響いたことはありませんでした。本当にありがたく嬉しく感じました。**一刻も早くと届けてくださった鶴子地区の皆さん、その熱い思いをもっと熱い思いで受け取ったあの日の感激を、一生、忘れることはありません。そして、その日の夕方に、さらに遠方から駆けつけてくださった新潟県小千谷市池ヶ原地区の町内会の皆さんのことも。

　その後、協定を結んでいた町内会・市民団体の方々、交流のあった地区の皆さんも続々と到着しました。東京足立区の松丸まことさん、埼

2011年４月23日、NPO法人飯田ボランティア協会より義捐金をいただいた。同団体とはその後、災害時相互協力協定を結んだ。

尾花沢市鶴子地区（上段左）、小千谷市池ヶ原地区（上段右）など、続々と駆けつけてくれた。

玉県越谷市の㈱リアルドッグフードの明念大雄さん…。NPO法人飯田ボランティア協会の方々は同市近隣の高森町、松川町からも物資を集めて片道8時間かけて来てくださいました。不足していると一報を入れた物資は、食料のほかに下着、オムツ、毛布、ペーパー類、日用品、タオル、洋傘などなど、それらとともに義捐金もたくさん届けてくださいました。

茨城県古河市三和コミュニティの皆さんはスイカ、メロン、コメ、白菜、ジャガイモ、お花などをロングの2トン車いっぱいに積んで駆けつけてくださいました。市内からのおにぎり200個の差し入れも大変ありがたかったし、宮城県刈田郡七《しち》ヶ《か》宿《しゅく》町からいただいた大根、ネギ、ゴボウの山は野菜が不足していたので本当に助かりました。七ヶ宿町は県内有数の豪雪地帯、ご縁があって私たちはこの年の1月に、同町役場に義捐金をお届けしたばかりでした。たくさんの野菜にはそのときのお礼も込められていました。

被災地へ走る

福住町から東に七北田川をはさんで約3キロの距離にある仙台市高砂市民センター（宮城野区）には、発災後、津波から逃れてきた外国人15名を含む1200名以上の住民が避難してきました。津波により全身が油まみれになった避難者も助けを求めてきました。当時、センター館長（現、震災復興支援グループ「きぼう」代表）を務めていた浅見健一さん（64）が、宮城野区の区役所に対して食料や毛布などの支援を要請したところ、職員に「市の指定避難所ではないので、すぐには対応できない」と断られてしまいました。このあまりに杓子定規な対応に、浅見さんはかえって奮い立ち、「以後、行政からの支援は一切受けない」と啖呵を切ったそうです。そして、避難者に向けて「私の命にかえても皆さんをお守りします」と宣言し、近隣の企業や友人知人などに支援を求めたそうです。すると、全国から予想を上回る支援が届き、同センターでは、発災翌日から、大多数の避難所では提供できなかった1日3食の支給を可能にしました。「行政に頼らない避難所」として全国にも広く報道されました。

福住町町内会にも、旧知の仲であった浅見さんから支援物資が届きました。私は、福住町よりも、もっと被害が深刻な地域の人々こそ支援物資や義捐金が必要だと考えました。３月16日からは、高砂市民センターからの支援物資だけでなく、福住町と協定・交流している地域からいただいたものも合わせてお届けしようと、他の被災地の方々のもとへ車を走らせはじめました。福住町では被害が軽微だったため、もっともっと厳しい状況にある皆さんに対して、少しでも手助けになればと思ったのです。

一般的によくいわれる「自助・共助・公助」はそれぞれ、「自分が自分を助ける」「隣近所が自分を助ける」「行政が自分を助ける」を意味します。助ける主体はそれぞれ異なりますが、いずれも助けられる対象は自分になります。自分や自分以外の誰かが自分を助けるという形を取ります。

福住町町内会は２００４年に初めて、このパターンから外れる試みをしました。新潟県中越地震の際に実行した「**押しかけ支援**」です。地震によって大きな被害を受けた新潟県の人たちの様子をテレビで見ているうちに、私は「この人たちの力になりたい」と強い思いに駆られました。これまで一面識もなかった小千谷市池ヶ原地区の人たちとやっとの思いで連絡を取れ、先に触れたように、発災10日目に救援物資を持って車２台で出発したのです。縁もゆかりもない人たちを「困ったときはお互いさま」で助ける。「押しかけ支援」、すなわち「**他助**」です。

このように、東日本大震災以前からさまざまな地域と災害時相互協力協定を結んだり交流することで、私たちのフットワーク自体は軽くなっていました。大震災の６日目から、私たちは近隣の町内会はもちろん、岩手県・大船渡市、宮城県・気仙沼市、南三陸町、北上町、女川町、石巻市、東松島市、多賀城市、七ヶ浜町、亘理町、山元町、福島県・南相馬市など52ヶ所（２０１１年７月までの４ヶ月間）に全国から寄せられた義捐金と物資を届けまくりました。公的指定避難所以外の小さな集落で生活している多くの被災者の方々に、必要な物資をお尋ねして要望に応えました。善意が人から人に伝った瞬間でした（この活動は、２０１２年４月８日までの約

宮城県石巻市万石浦小学校と鹿妻小学校へランドセルを寄贈／2011年４月10日。

岩手県大船渡市三陸町綾里地区に支援物資を届ける／同年６月20日。

1年間で109ヶ所、2015年1月11日現在では223ヶ所に及んでいます）。

宮城県東松島市赤井地区の在宅避難者へ支援物資を搬送／2012年1月8日。

長野県松川町の皆さんと近くの高砂1丁目公園応急仮設住宅へ支援物資を搬送。中央が筆者。高砂市民センター館長の浅見健一さん（左端）、福住町町内会副会長（防災減災広報部長）の大内幸子さん（右端）の姿も見える／同年2月17日。

東松島市小野地区で“動物ふれあい活動”を行った。ネコを抱きしめて涙ぐむ女性／2011年４月17日。

仙台市高砂市民センターで小動物たちに触って喜ぶ子どもたち／2011年３月20日。

宮城県亘理町吉田保健所で。福住町名物、七色綿菓子機も持参した／同年４月４日。

動物ふれあい活動も

また、動物の力を借りたボランティア活動も同時並行で行いました。私の経営する動物病院で飼育している小動物（イヌ、ネコ、ウサギ、モルモット）を連れて、障がい者・高齢者介護施設、公民館、児童館、保育園、小学校、各種お祭りの場などを訪ね回る〝動物ふれあい活動〟です。以前から年１００回ペースで行ってきましたが、このときも、子どもたちをはじめ沢山の人たちに喜ばれました。

最近では日本に１つしかない野生のジャイアント・パンダのはく製（中国四川省産）も加わりました。全長２メートルもあるりっぱなものですよ。ガラスケー

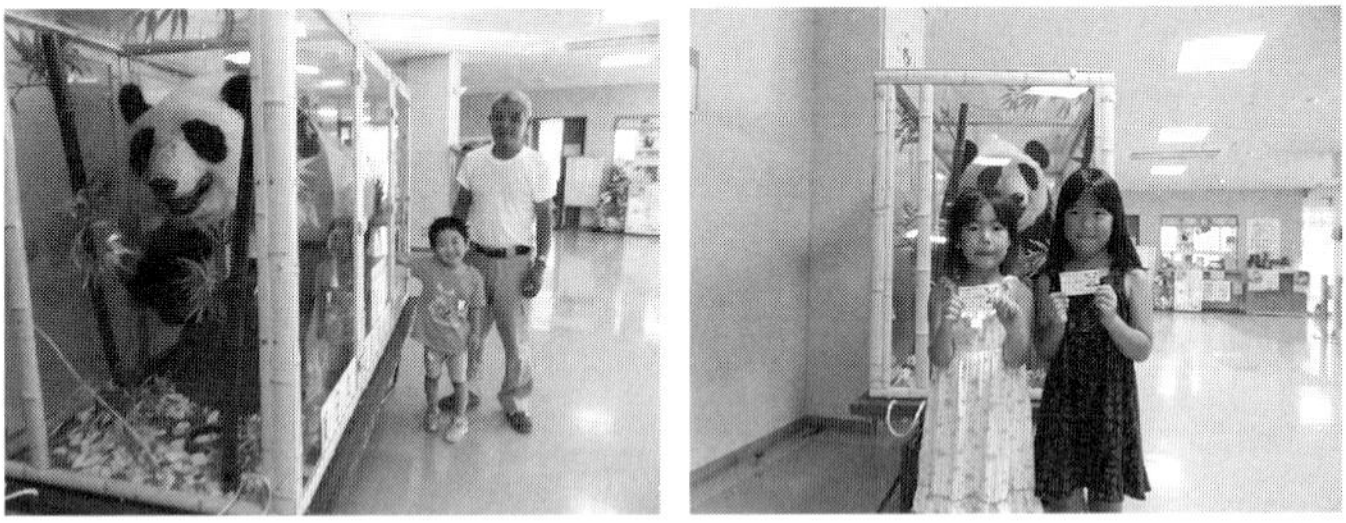

宮城県南三陸町図書館まつりに呼ばれてパンダのはく製に触ってもらった。女の子たちが持っているのが「ふれあい認定証」／2012年９月11〜16日。

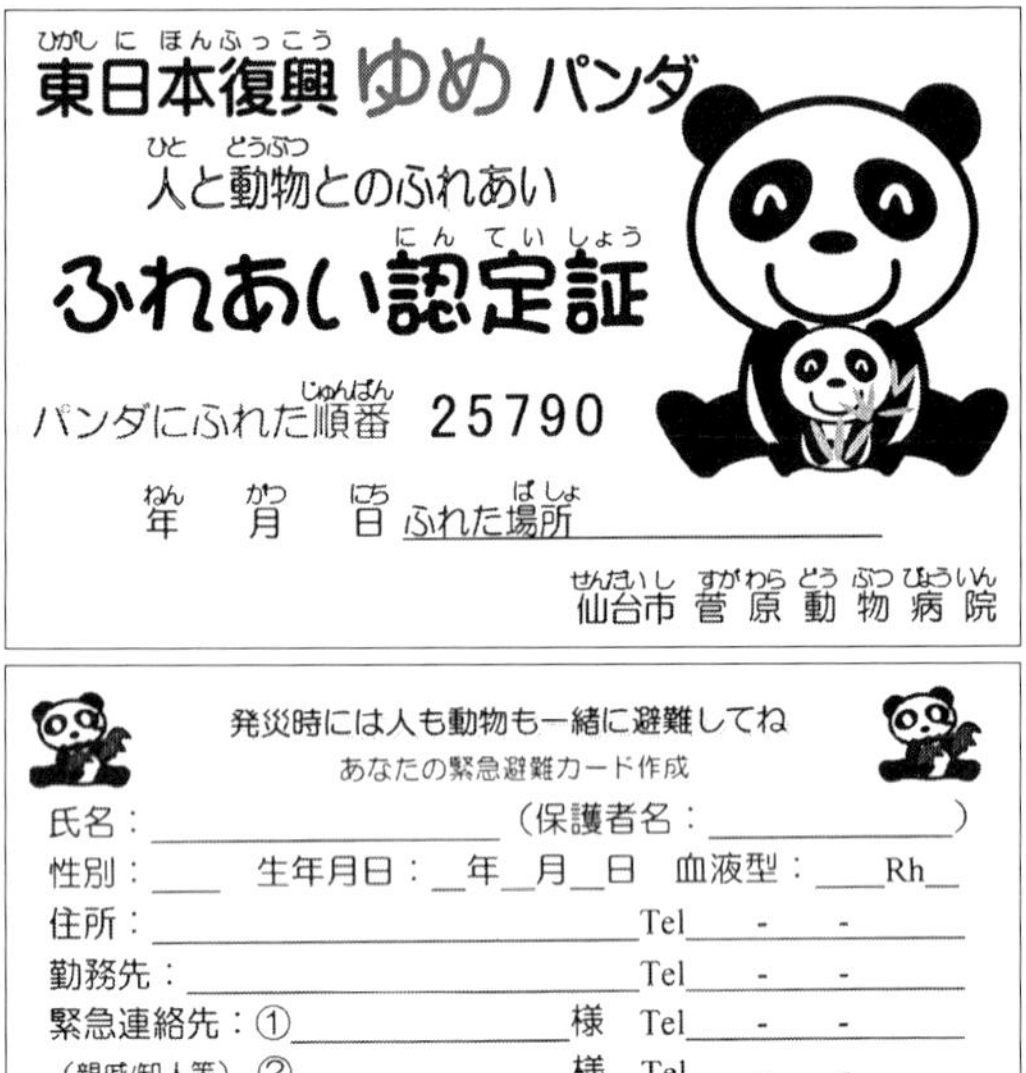

東日本復興《ひがしにほんふっこう》 ゆめ パンダ

人《ひと》と動物《どうぶつ》とのふれあい

ふれあい認定証《にんていしょう》

パンダにふれた順番《じゅんばん》 25790

年《ねん》　月《がつ》　日《にち》 ふれた場所《ばしょ》＿＿＿＿＿＿＿＿

仙台市《せんだいし》 菅原《すがわら》動物《どうぶつ》病院《びょういん》

発災時には人も動物も一緒に避難してね

あなたの緊急避難カード作成

氏名：＿＿＿＿＿＿＿＿＿＿（保護者名：＿＿＿＿＿＿＿）

性別：＿＿　生年月日：＿年＿月＿日　血液型：＿＿Rh＿

住所：＿＿＿＿＿＿＿＿＿＿＿＿＿＿Tel＿＿-＿＿-＿＿

勤務先：＿＿＿＿＿＿＿＿＿＿＿＿＿Tel＿＿-＿＿-＿＿

緊急連絡先：①＿＿＿＿＿＿＿＿様　Tel＿＿-＿＿-＿＿

（親戚/知人等）②＿＿＿＿＿＿＿＿様　Tel＿＿-＿＿-＿＿

避難場所：＿＿＿＿＿＿＿＿＿＿＿＿＿＿＿＿

その他　持病/薬等：＿＿＿＿＿＿＿＿＿＿＿＿

ペットの名前等：＿＿＿＿＿＿＿＿＿＿＿＿

「ふれあい認定証」。震災の翌年、2012年５月26日から始めました。

スの下の角《すみ》に小さな穴を開けて、中に手を入れて触《さわ》れるようにしています。パンダを触った証明書として、「**ふれあい認定証**」を手渡ししています。これは、裏面に氏名・保護者名・生年月日・血液型・緊急連絡先・持病等を記す欄を設けた「**緊急避難カード**」でもあります。2015年1月現在、3万4775枚を超えました。訪問するときには七色綿菓子やポップコーンを作る自前の機械も車に積んでいきます。こうした活動はメンタルヘルスケアの一環として今後も継続していきたいと思っています。

私たちは、震災から1年間はほぼ毎日のように東奔西走の日々を送りました。自助から共助へ、公助から**他助**へ。そして支援が**支縁**に。苦しみを分かち合うことによって、私たちはたくさんの人々と**ご縁**を結ぶことができました。

石巻市北上町に支援物資を搬送。当然、七色綿菓子機も持参!/2011年4月13日。

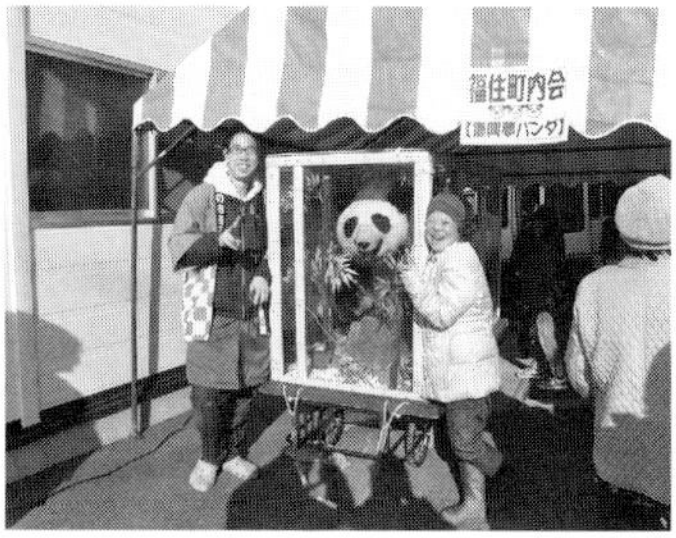

宮城県七ヶ浜町の七ヶ浜七の市商店街を訪問。パンダに皆、笑顔/2012年12月23日。

第2章

菅原康雄

日常の活動が原点

1人の犠牲者も出さないために

行事のあとはにぎやかに豚汁パーティー

東日本大震災を体験して、私（菅原）は、普段から準備や訓練をしていないことは非常時になってもできないことを痛切に感じました。「いざとなったら何とかなる」というのは、勝手な思い込みでしかありません。日常の取り組みこそが、災害のとき力を発揮することを思い知りました。皆さんのご参考までに、私たちの町で日頃心がけていることのいくつかをご紹介します。

まず、私たちの町内会の組織形態からご紹介いたしましょう。前章でも書きましたが、執行部が他に類を見ないほど大所帯なのが特徴の1つです。会長は私1人ですが、2015年度現在、副会長は13名います。幹事も20名います。会計1名と監事2名を含めれば、執行部の役員総数は37名に上ります（本書30ページ、図1参照）。職種もさまざまで電気屋さんや建築業、会社員のほか消防団員1名、民生委員を務めるメンバーも2名います。年間100を超える催事・行事、支援活動等のたびに力を合わせ、災害時相互協力協定を結んでいる地域を訪問したり、全国から講演会に招かれたりする機会のたびにマイクロバスを仕立てて、できるだけ副会長はじめ大勢で繰り出しています。このように大所帯で１つのチームを組み行動していることには理由があります。私が急病や事故に遭うなど何かあったときに、執行部の誰もが会長の代理が務まるようになることを念頭に置いているからです。

一　名簿づくり——減災の第一歩

今年（２０１５年）68歳になる私が、生まれて初めて災害の恐ろしさを体験したのは、１９６０年のチリ大津波のときでした。

この年の５月23日午前４時過ぎ（日本時間）、チリ南部でマグニチュード９・５という観測史上最大の超巨大地震が発生しました。これによって生じた大きな津波は平均時速７５０キロという高速で太平洋を横断し、22時間半後の24日午前３時頃に、太平洋の真向かいにある日本列島の沿岸に達しました。津波到達の標高は三陸海岸で８メートルを越え、被害規模は全国で死者・行方不明者１３９名、住家の流失・全壊３２５９棟、半壊１９１１棟、浸水４万１６５２棟、船舶被害は４２９６艘《せき》にも上りました。北海道はじめ青森、岩手、宮城、千葉など太平洋岸の８道県と沖縄で大きな被害が出ましたが、死者がとくに多かったのは三陸リアス海岸の湾奥に位置する岩手県大船渡市（53名）と宮城県志津川町（現、南三陸町。37名）でした。

1960年、チリ大津波の直撃を受けた塩竈港（上）。旧国鉄仙石線にも船が打ち上げられた（下）。写真提供：塩竈市。

私の生まれ故郷である塩竈市も被害に遭いました。当時、私は小学校６年生でした。５月24日未明、２・７～３・０メートルの大津波が何の前触れもなく塩竈湾を直撃し、北浜・海岸通一帯には大型漁船や観光船、定期船など60艘が打ち上げられました。死者２名、負傷者76名、家屋流出１戸、全壊33戸、床上浸水８３５戸、浅海漁業・農商工業・土木港湾等も大きな被害を被りました。幸いにして自宅は無事でした。

災害に遭ったとき、何が大事かと問われれば、私は躊躇なくこう答えます。「**命を守ること**」、それだけです。政府や自治体、専門家の皆さんが発表する地震や津波などの被害予想では、「死者○○名」と当たり前のように口にされています。私は、その考え方に正直、違和感があります。死者が出るのがまるで前提のように聞こえるからです。それでも、**減災と**いう考え方はようやく社会全体に浸透しはじめたらしく、2014年3月、政府が「南海トラフ」と「首都直下型地震」に関して初めて策定した防災基本計画では、「南海トラフ」によって最悪33万人に上るとされている死者数を、今後10年間で8割減らすという数値目標が掲げられました。政府のせっかくの目標設定に揚げ足を取るつもりはありませんが、それでもなお、予想される死者は6万6000人に上ります。それだけの犠牲が出てしまうことは、どうにも仕方のないことなのでしょうか。私はそうではないと信じています。死者数を予想するのではなく、どうすれば誰も死なずに済むのかを、行政も個人も自分のこととして必死で考え行動すべきではないでしょうか。**福住町では、ただ1人の命も失わない、究極の「減災」を基本原則にしています**。

そのために私たちが重視しているのが**名簿づくり**です。対策を立てるには、まず町内にどのような人たちが住み、どのように暮らしているのかを知ることが大々前提になるからです。

2ヶ月で名簿完成

災害が起きたとき、「安否確認を行う」「助けに行く」ことが大事だとしても、そのためには誰がどういう状態で暮らしているのか、たとえば、家族がいても日中は1人なのか、どの部屋で主に過ごしているのかなど、細かい点が頭に入っていなければ役に立ちません。そのときに威力を発揮するのが名簿です。私たちの町内会では2003年の宮城県北部連続地震をきっかけに、2ヶ月余りで名簿を作成しました。そこにはペットも含まれています。

福住町の全世帯数は800戸、全住民数は1541名（2014年10月1日現在）、内、町内会に入っているのは412世帯、1167名（2015年1月1日現在）です。町内会への加入率は世帯単位では8割弱、人数ではほぼ5割となっています。加入者の方々を対象に、町内会の執行部の仲間がそれぞれ地区を分担して1軒1軒回り、各世帯それぞれの氏名・年齢・自宅の電話番号や家族の勤務先・知人等の緊急連絡先等の提供を求めています。

重要支援者をマッピング

町内会が作成している名簿は6種類あります。町内会員（1167名）、重要支援者（72名）、重要支援者を含む要支援者〔75歳以上〕（180名）、福祉部福寿会〔老人クラブ〕（34名）、小学生（63名）、中学生（34名）の各リストです。数字は2015年1月1日現在のものです。**名簿は高齢者のお祝い、子どもたちの入学・卒業のイベントなどにも活用していいま**

すが、なかでも「重要支援者」へのサポートには欠かせません。現在、町内には72名の方がおられますが、それぞれのお住まいを示した地図付きの名簿も作成しています。

データ化したそれぞれの名簿は会長が管理し、印字したものは会長、副会長、会計の執行部三役（2015年度は15名）が所有します。発災時、各班長に複写を配布し、皆で対応に当たります。原則的には会員名簿のみを配布します。重要支援者名簿に基づく安否確認は、執行部三役や執行部の婦人コスモス部（後出）が中心となって行います。

災害対応が一段落したのち、配布した名簿はすべて回収することになっています。散逸を防ぐために、複写名簿には通し番号を付けておきます。前章で述べたとおり、東日本大震災のときには部屋中が足の踏み場もなくなり、名簿が取り出せなくなったため、残念ながらこの方法はうまくいきませんでした。ただ、**名簿づくりを通じて重要支援者の存在を日頃から意識していたことが功を奏し、安否確認は短時間で達成することができました**。

重要支援者すなわち行政用語での「災害時要援護者」（現、「避難行動要支援者」（本書110ページ参照））の名簿は、仙台市から民生委員を通じて私たちの町内会にも送られてきます。しかしながら、私たちは、いただいた名簿は受け取らず、そのまま市にお返ししています。仙台市では災害時、支援を求める希望者のみ名簿に記載する「手挙げ方式」を採用しているため、福住町でこのリストに挙がっている方々はわずか数名に限られているからです。私たちが独自の調査で割り出した72名と市の名簿の数名とでは安否確認の質が大きく異なってきます。ただし、私たちの仲間のなかには民生委員が2名いるので、その方たちとタイアップして毎年、仙台市から送られてくる「65歳以上の高齢者名簿」は利用させていただいています。この名簿と照らし合わせて漏れのないよう念入りに町内会の名簿を更新するようにしています。

個人情報の保護？――自分の責任で情報提供

名簿づくりはプライバシー保護の壁に遮られ難しいのではないかと思われがちですが、福住町では町内会会員の全員が趣旨に賛同してくれています。２００２年に「個人情報保護法」反対の論陣を張った作家の城山三郎さんは、「この法律案は、プライバシー保護という誰も正面からは反対できないことを盾に、メディアの取材抑制や自主的な検閲をねらっている」と喝破しましたが、多くの人たちはこの「プライバシー保護」という言葉のうわべに惑わされているのではないでしょうか。**名簿を作りはじめて10年以上経ちましたが、情報漏洩などの事故は1件もありません。自分の責任において名簿に情報を提供することは、自分の命を**

守り、それがまた他者の命を救うことにもつながります。

「自分のことはほっといてくれ」「他人さまに迷惑をかけてまで助かりたくない」と名簿への記載をお断りになる方もおられるでしょう。しかしながら、いただいた命は最後の最後まで粗末にせず、髪の毛1本ほどのわずかな希望も捨てずに全うすべきではないかと思います。

東日本大震災が起きる4ヶ月前、私は、たまたま、ある障がい者施設に頼まれて防災に関する講演をさせていただきました。「障がいを隠す時代ではもはやありません。災害が起きたとき、助けが必要と思えば、普段からそのことを町内会など地域の人たちにアピールしておくことが大切ですよ。**発信**してください」とお話ししました。震災の3ヶ月後、その施設を〝動物ふれあい活動〟の一環で再び訪れたとき、私の話が少しお役に立ったことがわかりました。私の講演がきっかけとなり、保護者の皆さんが一念発起して、町内会や民生委員、消防団など地域のさまざまな関係者に、「安全に避難するためには、皆さんの力が必要なので助けてほしい」と積極的に訴えるようになったそうです。その努力が実って震災のときには、多くの方々の支援で全員無事に避難できたそうです。

個人情報保護法に触れることを恐れて名簿づくりに取り組めない他の町内会から、「なぜ、福住町はできたのか」とよく不思議そうに尋ねられます。あまりにも当たり前のことで申しわけないほどですが、私たちは、人命と財産を守るためには名簿作成が第一と訴えただけです。とくに、一般的に「災害弱者」と言われる方々の情報は必須と、根気強く住民の皆さんを説得して回りました。また、名簿づくりに取り組む以前から、福住町では住民のほとんどが顔見知りで、町内会に対する信頼関係がしっかりと築かれていたことも、名簿化がスムースにできた要因です。「自分たちの町内会」という実感があれば、信頼して個人情報も預けられると思います。どうしても賛成していただけない方がいる場合は、名簿づくりをすべてあきらめるのではなく、その方には備考欄にその旨を記してもらい、情報提供を申し出た人たちに限った名簿だけでも作っておくのがよいと思います。

楽しみをたくさん作る

それでは、私たちは信頼関係をどのように築いてきたのでしょうか。答えは、誰もが参加して、楽しめる行事をたくさん作ったことにあります。

たとえば、防火・防災訓練を町内会の役員やその家族、知り合いだけで実施しても決して盛り上がりません。頼まれて断りきれずに参加した人ばかりでは、最初から顔ぶれが限られてしまい、訓練そのものもマンネリ化してしまいます。行政や消防署からの要請に対して、

2013年福住町町内会の１年。

仕方なくノルマのように行っているケースが一般的には少なくないと聞きますが、これでは住民同士の信頼関係は育ちにくいと思います。

私たちが毎年行う防火・防災訓練（第3章参照）には、町内に住む住民の3分の1に当たる、お

防災訓練を無事終えて、ほっと一息の大内さん（中央左）。豚汁の大鍋を囲んでにぎやかに。

よそ400人が参加します。訓練終了後には恒例の豚汁・大芋煮会となります。言ってみれば、私たちの防災訓練はお祭りと同じような楽しみの1つとなっています。夏になれば、8月の第1土・日の2日間にわたり〝福住夏まつり〟を開き、櫓太鼓に盆踊りとしゃれこみます。福住町公園いっぱいに夜店が出店し、山車もにぎやかに繰り出します。このお祭りを見に来てくださる方は毎年、2000人近くに上ります。また、梅田川では、灯籠流し、花火大会を開催します。さらに、春と秋の梅田川の川掃除の日にもたくさんの人が集まります。もちろん、秋には集会所で〝福住敬老祝賀会〟が開かれます。ほかにも花壇づくりや手芸サークル、早朝清掃などがあります。催事・行事だけでも年間70以上に上ります。女性執行部役員の1人、大内幸子さん（63、防災減災広報部長）は、「行事のたびにテントを張ったり片づけたりと膨大な準備と後始末に追われて、正直、大変」といいつつも、「それがまた、喜びや達成感にもつながっている」「他の町内会の役員さんからは『おたくの役員さんたち

彩花花火大会。

福住夏まつりで太鼓の演奏を披露してくれる地元、中野小学校の子どもたち／2013年8月3日。七北田川河口近くにあった母校は津波で全壊。

3月は福住子供会歓送迎会。福住町集会所にて。

福住・仙石合同灯籠流し。（「仙石」＝隣接する仙石町内会のことです）

はいつも楽しそうにやってるね』ってよくいわれる」と笑って話してくれます。また、「町内会も自分が進んで体を動かすという意味では、一種のボランティア活動。その楽しさを多くの人に体験してほしい」とも語ってくれます。

小学生が中学校に進むときはお別れ会を開きます。小学生の登下校時は毎日、通学路に立ちます。事故や犯罪から子どもたちを守るために、町内会長所有の青色回転パトロール車4台で町内・町外をパトロールしています。詐欺を防ぐ対策として、高齢者宅には新しい手口を伝え注意を促しています。

お祭りや子どもたちの見守り活動、高齢者の食事会など、さまざまな活動が基盤にあってはじめて、防災の取り組みも活性化するのだと思います。

二 防災マニュアルを訓練する

災害時の役割分担

第1章で述べましたとおり、福住町町内会では10～20世帯を1班とし、全20班が班単位の全員参加方式で防火・減災活動に取り組んでいます。区画の異なる4つの班を1単位として、すべての班が「情報収集班」「救援物資班」「消防協力班」「救急救護班」「給食給水班」という5つのグループのいずれかに属する体制を取っています（図3参照）。1年ごとに別のグループにシフトしていくやり方なので、町内会の全世帯が5年ですべてのグループを経験することになります。このうち「情報収集班」は執行部の婦人コスモス部が、「消防協力班」は執行部の婦人防火クラブが中心となって活動を牽引しますが、他のグループの活動についても執行部の役員さんが中心的な役割を担います。発災時には、各グループは公園内に設置された災害対策本部（本部長は町内会会長）と連絡を取りながら、作業、対応に当たることになっています。それぞれのグループの具体的な役割は次のとおりです（マニュアル9ページおよび49～50ページ）。

情報収集班は被害の状況把握に努めます。まず①被害状況を区役所に届ける連絡員（自転車・バイク所有者＝実質的には会長等）を確保し、②全20班の班長に名簿の複写を手渡します。③各班長は班内を巡回して被害状況（重症者・軽症者、火災、全壊・半壊の有無等）をチェックし、④結果を災害調査表（マニュアル4ページ）にまとめ（とくに緊急人命救助記録は写真撮影等で行う）、公園内の災害対策本部に報告、⑤執行部三役の会計がこれを集計し、

図3　災害時に備え町内会全世帯が担う5つのグループ
〈全員参加型〉

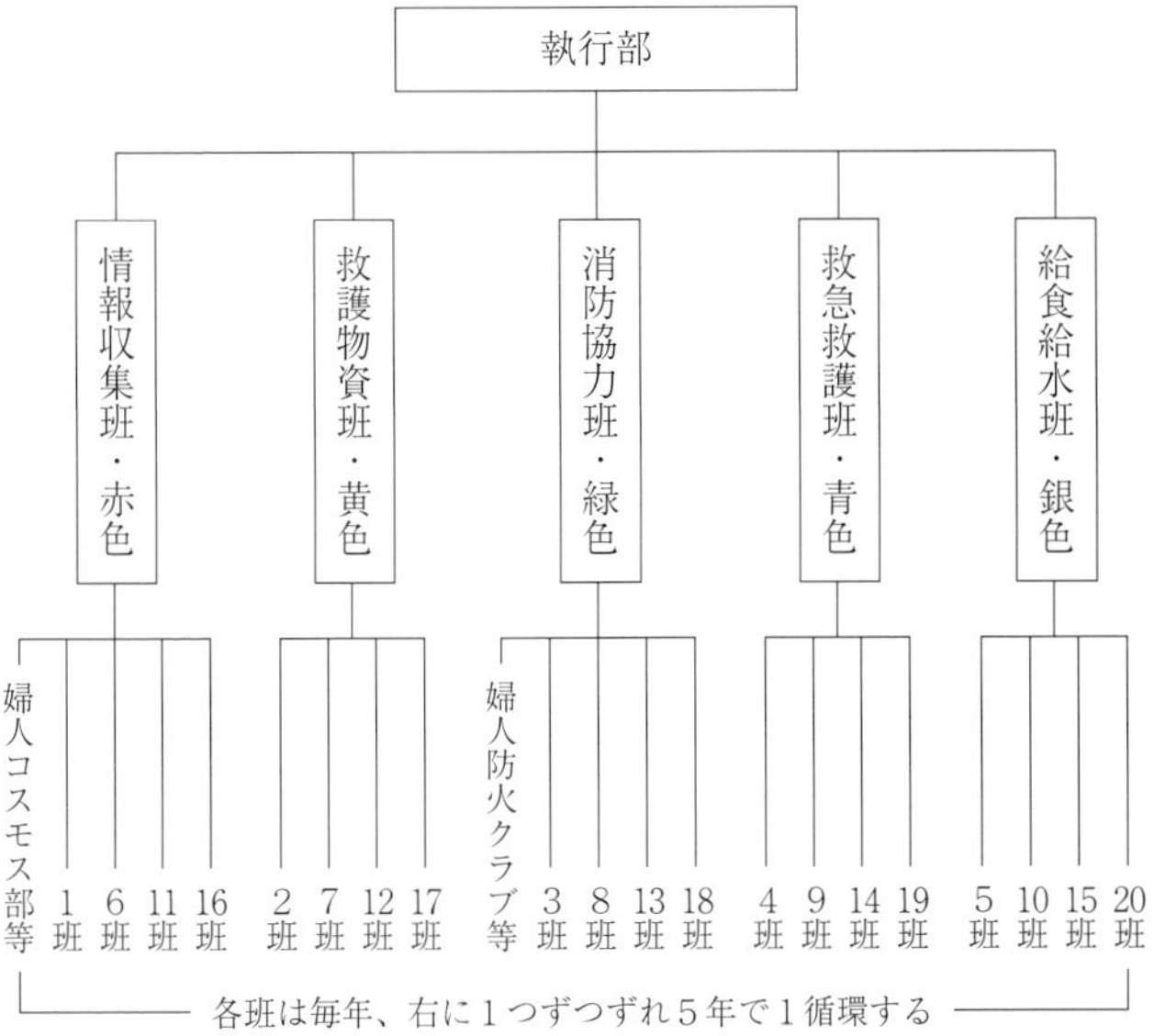

公園内に構える災害対策本部の車両／2013年11月10日、第11回福住防火・防災訓練にて。

《重要》災害調査表 （被害状況は該当項目に丸印をつけて下さい）

<table>
<tr><td colspan="3">ブロック</td><td></td><td>班</td><td colspan="6">年　月　日　午・前・後　時　分</td></tr>
<tr><td colspan="3">世帯主名</td><td colspan="7"></td><td rowspan="2">調査者</td></tr>
<tr><td colspan="3">住所</td><td colspan="7">宮城野区福住町　番地の</td></tr>
<tr><td rowspan="9">被害状況</td><td colspan="2">家屋</td><td colspan="8">異常なし　全壊　半壊　一部損壊　家具倒壊　床（上・下）浸水　火災</td></tr>
<tr><td rowspan="8">人身被害</td><td colspan="9">全員被害なし</td></tr>
<tr><td rowspan="7">被害あり</td><td colspan="2">氏名</td><td>死亡</td><td>行方不明</td><td>重傷</td><td>軽傷</td><td colspan="2">特記事項</td></tr>
<tr><td colspan="2"></td><td></td><td></td><td></td><td></td><td colspan="2"></td></tr>
<tr><td colspan="2"></td><td></td><td></td><td></td><td></td><td colspan="2"></td></tr>
<tr><td colspan="2"></td><td></td><td></td><td></td><td></td><td colspan="2"></td></tr>
<tr><td colspan="2"></td><td></td><td></td><td></td><td></td><td colspan="2"></td></tr>
<tr><td colspan="2"></td><td></td><td></td><td></td><td></td><td colspan="2"></td></tr>
<tr><td colspan="2"></td><td></td><td></td><td></td><td></td><td colspan="2"></td></tr>
<tr><td colspan="2">避難場所</td><td colspan="9">自宅　福住町集会所　福住町公園　高砂小学校　他（　　）</td></tr>
<tr><td colspan="11">その他（周囲の被害状況）公共施設．道路．橋．河川．交通．ライフライン．ブロック塀等
記入欄（　　）</td></tr>
</table>

マニュアル４ページより。

結果を連絡員が区役所の災害対策本部に届けます。「重要支援者」の安否確認は執行部三役と、普段、見守り活動を行っている婦人コスモス部等が中心になって担い、グループ内の班長は不測の事態に備えて執行部の活動を補佐します。

救援物資班は救援物資の確保です。避難場所である公園内で①テント・仮設トイレ・風呂・シートなどの設置、②炊き出し用具の準備・設置、③応急医薬品の調達、④救出・救護活動への協力の呼びかけなどを行います。

消防協力班は初期消火・救出・援護への協力です。執行部の婦人防火クラブが中心となって①出火防止の徹底、②消火器・防火用バケツ・ホースの準備などを行い、③消防団・女性防災リーダー（本書１９１ページ参照）の指示に従って初期消火活動に協力します。

救急救護班は①応急救護所の設置、②負傷者の応急措置、③高齢者の介護・避難、④医療機関への連絡・搬送の援護などを行います。

給食給水班は①食材・飲料水・生活必需品を確保し、②炊き出しを準備します。

それぞれのグループごとに腕章を赤、黄、緑、青、銀と色分けしています。日常的には、それぞれの班がどのグループに属しているのか子どもでもわかるように、グループ名を記した立て看板も同じように5色で色分けして設置しています。

マニュアルのもう1つの特徴

２００４年1月末、この独自の防災マニュアルは、町内会加入世帯を上回る住民５００世帯に配布しました。配って終わりではなく、手元に置いて日頃から利用してもらうために、便利帳的な情報も数多く掲載しています。たとえば、仙台市立田子中学校・高砂小学校・田子小学校の３ヶ所の公的指定避難所、高砂市民センター・福田町保育所・宮城野区役所などの公共施設、米穀店・ガソリンスタンドなどの町内外のライフライン施設ほか、災害時に有用な情報を地図入りで掲載しました（マニュアル15ページ）。また、燃料・消火器・ジャッキなどの工具が借りられるガソリンスタンドや、薬局、医療機関、食料品店、ガス・電気会社な

マニュアル15ページより。

どの連絡先（約70ヶ所）のほか、町内に設置されている公衆電話や消火栓の配置図も載せました（同13～19ページ）。

マニュアルの17ページでは、1978年の宮城県沖地震（ブロック塀、自動販売機などによる圧死者18名）の教訓を踏まえ、町内にある低層ビル（3階建以上のビル）や少し高いブロック塀、自動販売機の場所も地図で示しました。地震保険を紹介・解説したページもあります（同31ページ）。各家庭が緊急時に持ち出すべき品物や書類のチェックリスト表、各自が持つべき氏名・生年月日・連絡先・血液型・持病などを記入する「**緊急避難カード**」についても紹介しています（同23ページ）。「ちょこっとの修理・修繕承ります」と題した〝広告記事〟も載せました。家具転倒防止、棚や手すりなどの取付・補修・補強、さらに電球や蛇口の交換などの作業を町内会の有志が相互扶助の精神で低価格（実費程度）で請け負います、といった内容です（同27ページ）。さらに、ペット用の自主防災マニュアルとして、飼い主の日頃の心得や発災時の対応についても写真・イラスト入りでわかりやすく説明しました（同40～48ページ）。災害救急医療については住民の観点から、人命第一の対処法を記しています（同51～53ページ）。

こうしてマニュアルは53ページものボリュームとなりましたが、その後、私たちの取り組みを紹介した新聞記事や、関東大震災時の写真記録を新たに追加し、現在はさらに20ページ増えています。

発災時には人も動物も一緒に避難

菅原　康雄
Yasuo Sugawara　D.V.M

勤務情報　983-0033仙台市宮城野区福住町2-14
菅原動物病院　Tel 022-258-9490 Fax 022-258-9498
菅原動物病院附属VTカレッジ　Tel/Fax 022-259-2449
Url http://www.sdb.ne.jp　Email sugawara@sdb.ne.jp

緊急避難時個人情報　携帯　090-3752-9122
生年月日 1947/10/03　性別 Male　血液型 A Rh+
避難予定場所　福住公園（福住町内）

あなたの緊急避難カード作成例（参考にしてお作りの上持参しては!!）
氏名：＿＿＿＿＿＿（保護者名：＿＿＿＿＿＿）
性別：＿＿　生年月日：＿年＿月＿日　血液型：＿＿Rh＿
住所：＿＿＿＿＿＿Tel＿＿-＿＿-＿＿
勤務先：＿＿＿＿＿＿Tel＿＿-＿＿-＿＿
緊急連絡先：①＿＿＿＿＿＿様　Tel＿＿-＿＿-＿＿
（親戚/知人等）②＿＿＿＿＿＿様　Tel＿＿-＿＿-＿＿
避難場所：＿＿＿＿＿＿
その他　持病/薬等：＿＿＿＿＿＿
ペットの名前等：＿＿＿＿＿＿

名刺大の「**緊急避難カード**」。裏面は本書52ページ掲載の「ふれあい認定書」と同じです。

＝目　次＝

	頁
1　災害時組織編成表	1
関係官公庁（災害対策本部・日赤）へ被害状況調査報告と救援要請	2・3
《重要》災害調査票／事前配布も可	4
被害状況調査報告集計表	5
2　災害時本部組織人員構成表	6
福住町執行部連絡網	7
福住町班長連絡網	8
3　災害時各班の役割並びに担当人員構成表	9
情報収集班　救援物資班　消防協力班　救急救護班　給食・給水班	
4　災害時各ﾌﾞﾛｯｸの役割並びに担当人員構成表	10
地図　福住町町内会ブロック割　Aブロック～Gブロック	11
5　災害時対策本部並びに避難場所（各福住町地図参照）	12
福住町災害対策本部・避難場所・防災資器材備蓄倉庫	
6　災害時各連絡施設（災害時通信不能に係わらず記載）	13・14
地図　指定避難所・公共施設・ﾗｲﾌﾗｲﾝ施設	15
7　災害時6以外の確認施設又は箇所（災害時通信不能に係わらず記載）	16
地図　福住町町内会自動販売機・低層ﾋﾞﾙ・ブロック塀	17
8　町内で出来る災害時ライフラインの確保（災害時通信不能に係わらず記載）	18
地図　福住町町内会ﾗｲﾌﾗｲﾝ施設	19
9　災害時備蓄品の確認（町内会）	20
町内会非常用持ち出し品	
10　あなたの家の防災対策。対応は万全ですか？	21
災害の前	
建築物・体験者の知恵	22
切り取って使用　非常用持ち出しチェック・緊急避難カード	23
災害が発生	24
地震！そのときに備えて防災知識を身につけよう	25
防火・防災用品をどこよりも安く販売します	26

マニュアル目次より。全19項目、73ページのボリュームです。

頁

福住町内会の皆様へ　ちょこっとの修理・修繕承ります　27

11　こんな場所で地震に遭ったら!!　28

屋内の場合・屋外の場合

津波　TUNAMI　29

津波・高潮情報　30

宮城県沖地震・被災後の生活サポート　31

12　防災わがまちライブラリー　宮城県立図書館に寄贈　32

13　福住町町内会災害緊急時名簿。その他資料　33

秘守義務のある名簿の保管・あいさつのあるふれあい町内をつくるポイント5

福住町住民調査のお願い　34

福住町町内会災害緊急時名簿(パソコン入力様式)・個人情報と匿名社会　35

災害発生時名簿配布先と回収一覧　36

14　現在募集進行中（災害時特に必要な事です）　37

近隣の市・町・村の町内会と防火防災協力協定を結ぶ姉妹町内会を募集

ボランティアとは？　識別名札

災害時相互協力協定を結ぶ姉妹町内会等一覧表　38

災害支援提携締結書　39

15　被災動物等のお願い　40

小学校における防火・防災講話時に活用　地震の起きるその前に　41~43

地震の起きるその前に(動物への自主防災は)　44~48

16　大災害時直後の町内会での具体的な取り組み（各福住町地図参照）　49~50

17　コミュニティと災害救急医療　51

《知って　命の輪をつなごう》　52~53

18　各機関誌に掲載された記事集　54~69

19　関東大震災の貴重な写真集（津軽藩ねぷた村所蔵）　70~73

３００余りの公共施設・自治体・町内会・個人に配布

２００３年11月29日、河北新報に「地域の安全　自分たちで　独自防災マニュアル作成」と大見出しで報道されたこともあり、このマニュアルは宮城県立図書館をはじめ、３００余りの公共施設・自治体・町内会・個人から依頼を受け、送付させていただくことになりました（２０１５年２月現在、５２８部配布）。県内であれば、時間の許す限り、対面して手渡しました。小さな動物病院の開業獣医師には、仕事以外の時間は限られています。相手先の困惑も省みず、夜間の遅い訪問も数知れません。

講演の依頼は全部受けました。大惨事は待ったなしに襲いかかるという危機意識を常に持っているからです。講演では阪神淡路大震災の最大の教訓として、亡くなった方の実に96・1％が「倒壊した家屋の下敷き」などの建物由来だったという恐ろしい事実をあらためて強調するようにしています。建築被害こそが多数の人命を奪い、震災後のさまざまな問題をもたらしたと知れば、行動は１つ、**減災**に徹することに尽きます。福住町では、執行部役員が家具の転倒防止の金具を持ってほぼすべての重要支援者宅を回り、必要な場合には、転倒しないように予防措置を講じました。

三　天水桶で水を貯める

深刻な水質汚染

福住町には2級河川の梅田川が流れています。先にご紹介したように、毎年夏になれば花火大会や灯籠流しの会場としても親しまれています。近くに川がある暮らしは自然にも恵まれ、私たちを豊かな気持ちにしてくれます。

しかし、1950年代から60年代にかけての梅田川はそうではありませんでした。都市人口の増加と流域の開発にともない、その水質は非常に悪化していました。当時、仙台市には下水管はあっても下水処理場がなく、家庭や工場から出る汚水はそのまま川に流れ込んでいました。その頃はまだ屎尿が貴重な有機肥料として近郊農家に活用されていた時代だったので、市内の環境汚染はそれほど目立ちませんでしたが、梅田川については事情が異なっていました。この川はもともと流量が少ないのに加えて、流域が急速に開発されたため、悪臭ふんぷんたる悲惨な状況になっていました。「仙台のドブ川」とまで悪口を叩かれていました。

そのため、仙台市は汚名返上とばかりに、1958年、東京・大阪に次いで全国で3番目に下水処理場を建設する計画に着手し、1964年に南蒲生下水処理場（現、南蒲生浄化センター。宮城野区）を稼働させました。そして、翌年には梅田側沿いの下水はすべて同処理場に送られるようになりました。

ところが、残念ながら、このとき導入されたのは当時、一般的だった合流式です。合流式は下水管が1本で、下水と雨水を同時に処理できるので、たしかにコスト面でのメリットはありました。あとは下水道に流れ込む汚水と雨水の合計量が、下水処理場の処理能力の範囲内に収まるなら、何の問題もありません。しかし仙台市の目算は外れました。理由は2つあります。1つは都市開発によって汚水そのものが増加したこと、もう1つはアスファルト舗装の道路面が増えるにつれ、雨水が地面に浸透せず、下水管にそのまま流れ込むようになったことです。そのため、大雨が降ると、大量の汚水が下水処理場に到達しないまま河川に流れ込む課題が残りました。

町内会主体の浄化活動

梅田川流域に住む地域住民も手をこまぬいていたわけではありません。1964年に流域の町内会を中心に梅田川浄化推進協議会が結成され、毎月、清掃活動が行われるようになりました（当時、福住町はまだ存在していません）。町内会を中心とした河川清掃活動は全国でも珍しく、梅田川の名前は一躍、有名になりました。１９６７年には「美しい町づくり全国コンクール」最優秀賞を受賞したほどです。下水道普及と住民の清掃活動によって、梅田川は急速に美しさを取り戻しました。もちろん私たちの福住町町内会も、１９７１年12月に町ができてからずっと、月に1度の清掃活動を続けています。

仙台リバーズネット・梅田川とタッグ

梅田川の水質は改善されたものの、水量不足は否めません。都市化によって、地下水そのものが減ってしまったことや、下水道が整備されたために今度は生活排水が流れ込まなくなったためです。そのため、仙台市では１９９４年から「市民の川創造事業」をスタートさせ、その取り組みの1つとして、地下水涵養と雨水浸透を目的に、「天水桶（雨水貯留タンク）」の普及活動に取り組んでいます。

なかでも市民グループの仙台リバーズネット・梅田川の皆さんの活躍たるや、特筆に価いします。２０１５年で結成15年になる同ネットは、梅田川を中心に、水環境保全に寄与する

仙台リバーズネット・梅田川の皆さん／2013年11月10日、第11回福住防火・防災訓練にて。

ことを目的として、①雨水貯留・浸透設備（天水桶）の啓発・普及活動、②水環境保全活動、③環境学習の支援などを行っています。とくに、天水桶の普及活動が評価され、国土交通省から、２０００年度水資源功績団体として、大臣表彰を受けています。

梅田川の清掃活動を通じて知り合ったリバーズネットの皆さんの真摯な努力に、心を揺さぶられた私たちは、町内に天水桶を10基、設置することにしました。この10基は、助成団体（大阪コミュニティ財団）から天水桶普及のための資金援助を得た同ネットが、２００６年５月、私たちの町内に寄贈してくださったものです。

先に触れたように、リバーズネットとは２００８年７月に災害時相互協力協定を結びました。災害時に互いに協力し合うだけでなく、今では天水桶への理解を他の町にさらに広げていく活動も行っています。

リバーズネットが勧める天水桶は、以前は使用済みのウイスキーの樽を活用していましたが、現在はプラスチックのバケツになりました。それを雨樋の配水管につなげば、雨水を約200リットル貯められます。災害時は、その水を手洗いや水洗トイレ、食器洗いなどの生活用水として使うことができます。1基当たりの費用は4万6000円です。

寄贈された天水桶は発災時の断水に備えて、1基は集会所に、残りは執行部の役員宅に設置しました。毎朝の草花の水やりはもちろん、掃除用の水に大活躍の天水桶は町内の評判になりました。夏の暑い盛り、庭や道路に水撒きして涼を楽しめば、通りがかりの人との会話も弾みます。晴れの日は天水桶のおかげで外にいる時間が長くなり、雨の日は水の貯まり具合が気がかりで、これまた楽しいものです。執行部役員宅の近くの住民のなかには、ご自分で天水桶を購入、自宅に設置して、ご近所の皆さんとのコミュニケーションを楽しんでおられる方もいます。2015年1月末現在、町内全体では新たな寄贈や自己購入を加えて全20基に増えました。仙台市全体の設置総数が500基ですから、人口比を考えれば、私たちの町はなかなかの高普及率といえます。

私たちが最初に災害時相互協力協定を結んだ仙台市中央部にある花壇大手町町内会では、町内会が運営する「まちなか農園」に、屋根がないハンディを乗り越えて雨水の取水に工夫をこらし、4基の天水桶を設置しています。

ウィスキーの樽でこう造る。最近ではプラスチック製を使用。

天水桶、設置！

天水桶は非常時の命綱。

震災時の生活用水

東日本大震災では、防火用水として頼みとしていた穏やかな梅田川は、津波で真っ黒な濁流と化し、川を遡上した津波は大量のがれきと泥を運んできました。ライフラインが止まったとき、何より大切なのは食料と飲料水の確保でした。手洗い、トイレに回す水はありません。集会所に取り付けた1基の天水桶がこの窮地を救ってくれました。発災4日後に支援が届くまでは、飲料水以外の生活用水はすべて、天水桶に貯めた雨水で賄うことができました。

元墨田区役所職員で雨水利用の第1人者である〝ドクター雨水〟こと村瀬誠氏の名言、「流せば洪水、貯めれば資源」のとおりでした。地産地消の言葉どおり、水もまた、自分たちで手に入れることが求められています。とくに、仙台市の南蒲生浄化センターが危機に直面している現在、節水と地下水涵養に、ますます市民自らが力を入れていかなければなりません。

同浄化センターは、仙台市の7割の汚水を処理する、東北最大の下水処理場ですが、震災がもたらした10メートルを越す津波によって、壊滅的な被害を受けました。そのため、処理能力が落ち、現在も、完全に処理されていない汚水をそのまま太平洋に放流する状況が、やや押さえられてきているとはいえ続いています。復旧は２０１６年3月末の予定です。

この深刻な状況を多くの仙台市民は知らないと思います。震災前と同じように、家庭や工場の汚水は海に流れ続けています。「節水」や「油・トイレットペーパーは流さない」など、下水処理場にできるだけ負担をかけない暮らし方が必要です。リバーズネットは、南蒲生浄化センターの窮状を仙台市民にアピールしようと、「南蒲生お助け隊」事業を２０１２年からスタートさせています。下水道の仕組みを伝え、下水道への負担を減らすために市民に何ができるかを共に考えていく活動です。私たちも、同ネットと協力して、さらに天水桶を増やす活動を続けていきたいと思っています。

四　ペットの同行避難――ストレスを軽くする

東日本大震災のとき、獣医師である私がとても気になった１つがペットたちのことです。イヌやネコの健康状態が心配でたまりませんでした。

実際、あのとき仙台市やその周辺の行政は、避難所に連れてこられた動物たちの匹数などを調べるだけで精一杯の状態でした。仙台市宮城野区には発災１ヶ月後、ペットと同行避難できる公的避難所が５ヶ所設けられました。私はすべての場所を巡回し、動物も一緒に部屋で飼えるよう工夫したり、動物専用のテントを張って毛布で防寒してあげるなどの手助けをしました。また、訪れた被災地の先々で、ペットの飼い主に声をかけ、具合の悪そうな動物には治療を施しました。避難所につながれている場合はイヌ小屋を作ったり、ケージを置いたりしました。避難所で飼育できないときは、私の動物病院で預かりました。健康診断やワクチン接種、治療、入院、手術をしたうえで、元気になれば飼い主の元へお返ししました。それをすべてボランティアで行いました。

動物などは後回しでよい、動物だから暑さ寒さも平気だという人も多いですが、乱暴な話

ご主人と一緒に避難。福住町集会所にて／震災当日。

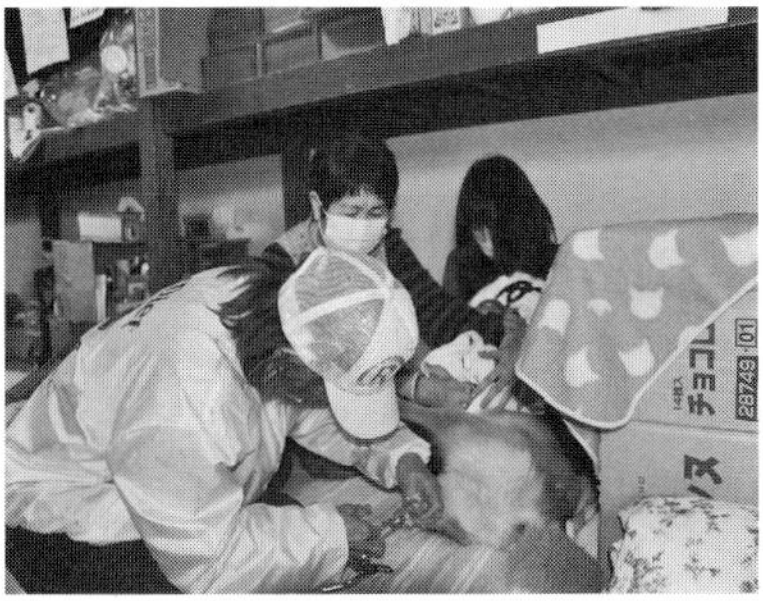

同行避難した飼い犬７頭の健康診断。七北田川河口に近い仙台市立岡田小学校にて／2011年４月１日。

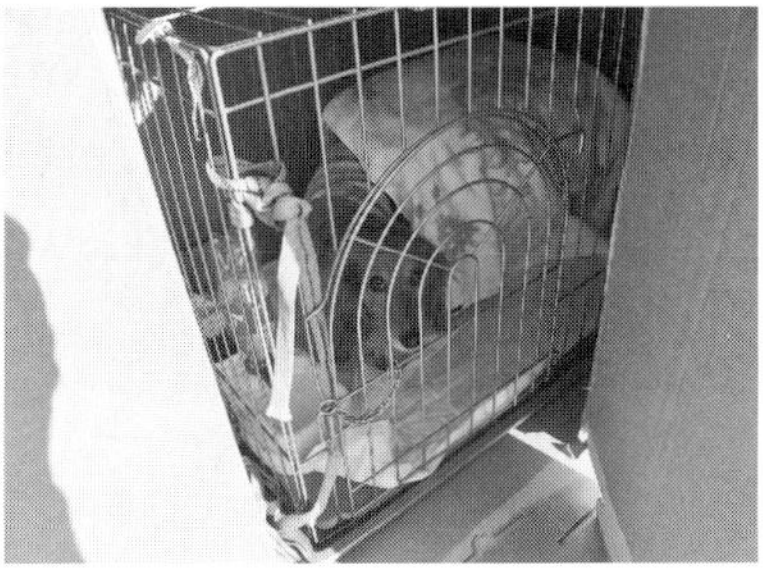

同行避難した動物のケア。仙台市宮城野体育館にて／2011年４月12日。

東松島市奥松島の月浜にて避難動物の健康診断・ワクチン接種をする筆者／2011年５月６日。

です。**飼い主の心身の健康を維持するためにも普段からの準備が必要です。災害時、発災直後の大変な数日を乗り越えれば、動物たちは必ず私たちにとって、頼もしく心を癒やしてくれる家族や友人になってくれます。**

普段から気をつけておきたいことをご紹介しておきましょう。防災マニュアルに書いた内容を少し整理してみます（マニュアル40〜48ページ）。

用意するもの

まず、リード（引き綱）やキャリーバッグ、ケージ、汚物処理道具などを常備し、ペット用の食料と飲料水を1週間分は確保します。

とくに、キャリーバッグは日頃からそのなかに寝かせるなどして慣れさせておくと、災害時、イヌ小屋の代わりやネコの部屋になります。

避難所で同居するには

大災害によって自宅にとどまれない場合には、数日から数週間以上の長期避難も考えられます。最寄りの小・中学校などの指定避難所がペットも一緒に避難できる規定になっているかどうか、あらかじめ調べておくことが大切です。

避難所で同居が可能な場合にも、周りの人への配慮が不可欠です。動物が苦手な人もいれば、毛に対するアレルギーをお持ちの方もいます。他のイヌや場合によってはネコともけんかしないようしつけておくと、災害時を乗り切りやすくなります。

預け先を決めておく

避難所に同居できない場合や在宅飼育ができないときは、ペットが宿泊できる場所を探すことになりますが、なかなかすぐには見つかりません。２００４年の新潟県中越地震の際、

福住防火・防災訓練に参加してくれた仙台市動物管理センターの皆さんのブース／2013年11月10日。

車中泊を続けていた女性が、エコノミークラス症候群で死亡するという痛ましい事故がありました。原因の1つはペットが避難所に入れなかったためだといわれています。ペットと一緒にいられるのは、車のなかしかなかったのです。
こうした事態を防ぐには、絶えず、ペットの存在を友人や知人、散歩友達などにアピールしておくことが大切です。少し離れた場所に、いざというときペットを預けられる人を見つけておくと安心です。預けているところに、できるだけ頻繁に面会にいくと、人間もペットも気分転換ができ、ストレスが軽くなります。

迷子予防にマイクロチップ

また、万が一、迷子になったときのために、鑑札（保健所に畜犬登録をしたときに渡される札で装着義務があります。登録番号が標記されています）やマイクロチップを必ず付けてください。

マイクロチップは、ほぼコメ粒を2つ並べた大きさの電子標識器具で、専用のインジェクター（埋め込み器）で皮下に埋め込みます。チップのなかには飼い主の名前・ペット名・住所・電話番号・性別・種別などのデータが入っています。読み取りには専用の読み取り機が必要です。保健所や動物病院などを中心に採用が広がっています。

また、飼い主不明の動物を地元の動物管理センターや保健所、仮設の動物収容施設などに収容する場合には、受け入れ側は動物種・大きさによって、同形のケージや同形の備品などを準備しておくことを提案します。整理・整頓が効率的にできるからです。

五　仙台東部道路の開放

福住町町内会を含む8つの町内会で構成する仙台市福田地区町内会連絡協議会では、2004年より仙台東部道路（亘理IC～仙台港北IC間の有料道路）の災害時の有効活用を、市・県・国それぞれに要望してきました。「巨大津波が想定されるときは有料道路を閉鎖し、徒歩で逃げる人たちに避難場所として一般開放してほしい」と訴えてきました。

東日本大震災のときには、盛り土構造のこの道路のおかげで、仙台市若林区区間では23

仙台東部道路の避難階段（津波避難場所）。2014年11月２日に仙台市若林区の三本塚町内会において、「震度６強の地震が発生し大津波が出た想定」で津波避難訓練が行われた。写真提供：仙台市。

６名がやっとの思いでよじ登り、助かりました。また、この道路は、がれき混じりの津波・海水が西側の市街地に入るのを防ぐ「防潮堤」の役割も果たしました。

この成功事例から、国土交通省は、首都高速など交通量の多い道路を除けば、避難場所としての利用は可能と、容認の方向に変わってきました。すでに、宮城県では、仙台東部道路を経営する東日本高速道路㈱に働きかけ、２０１５年２月末現在、同道路においては仙台市、名取市、岩沼市など13ヶ所に避難階段を設置しています。また、静岡県焼津市は、中日本高速と協定を結び、市内を走る東名高速道路の法面《のりめん》の一部を避難場所として整備しました。国土交通省も、三陸自動車道の石巻市内4ヶ所に避難階段を設置しました。この他、愛知県や徳島県など全国各地の自治体で、国や高速道路会社に避難階段の設置および避難場所の提供を求める動きが広がっています。

私たちの地域でも、震災の翌年から毎年、これらの施設を活用する津波避難訓練を実施しています。連絡協議会の声がようやく反映されたのです。

寄稿1 世代間の連帯を求めて

学校を拠点に地域を紡ぎ直す

赤木髙鉄《こうよう》
（東京都中野区上高田1丁目町会副会長）

◎地域コミュニティの変遷

東京都中野区は都内23区西部に位置し、私の住む上高田地区は標高差15メートルほどの谷と稜線が入り組んだ、武蔵野台地の外れに位置する坂の多い住宅地です。

２０１４年度中野区の調査によると、同区の人口は31万４７５０人、人口密度が１平方キロメートル当たり２万１８９人と全国で２番目に高くなっています。上高田地区は人口１万９６８８人、高層マンションは少なく、木造の小さな戸建て住宅と小規模アパートが密集しています。東京都のなかでも火災危険度の高い地域です。65歳以上が20％、１人世帯が64％、５年以下の居住歴住民が30％で転入・転出が多いまちです。中野区の２０１４年度区民意識調査によれば、66％の人が地域活動に関わったことがなく、**地域で頼れる人に「町会あるいは自治会の役員」を挙げた人はわずか６％です**。「頼れる人がいない」と答えた割合も22％あり、地域の活動に関わっている人のなかにも、いざというときには町会あるいは自治会の役員には頼れないと考えている人が少なくないことがわかります。この背景にはいったい何があるのでしょうか。

まず、町会という組織が過去50年の間に、どのように変化してきたかをお話ししましょう。

私は、1957年の春、18歳のとき、このまちで暮らしはじめました。今年（2015年）で58年になります。30歳の頃から町内活動に関わることになり、今はクリーニング店を営みながら町会副会長を務め、地域のまちづくり団体にも参加しています。

まだ下水道が完備していなかった1973年当時、そこここに子どもの声が響くなか、町会役員とともに路地から路地を回って汲み取りの蓋を開けて消毒薬を散布しました。近所に不幸があれば、町会集会所から葬式用具一式をリヤカーに積んで、そのお宅に運び込み、手伝いに励みました。近隣では下宿の学生でさえもほとんど顔見知りでした。孤独死などという言葉すらありませんでした。まちには、商店主、職人、店員、サラリーマン、会社経営者などさまざまな人々が住んでいて、休みの日にはのんびりと一緒に過ごす時間が多かったものです。

1980年代に入ると、あまりにも急速な経済成長の影響を受け、自営業の後継者や新規採用者の不足により商店主や職人の活躍に陰りが見えてきます。そして町会などの地域団体の高齢化、若者離れも始まりました。

1983年までに中野区は、地方分権と住民参加の流れに乗った革新的政策として15の地域センターを設置し、それぞれに住区協議会を組織しました。町会・自治会、商店会他9団体の推薦委員および公募委員など各般を網羅して、「住民の結束」と「住民の話し合い」を経た衆知に基づく行政への参加を掲げました。しかし、１９９０年代になると、ＰＴＡに基盤を置く若い世代の多くが地域活動への関心を失い、住区協議会は徐々に高齢化していきました。振り返ると、この頃から親子世代間の会話が難しくなりました。親の子ども世代への遠慮と子どもの親世代への不信が見られるようになり、世代間で助け合う子育てが難しくなりました。

また、町会にも大きな変化が生じました。役員の多くをサラリーマンとサラリーマンＯＢなど地域外で働く人たちが占めるようになり、地域のまとまりを縦軸で捉えるサラリーマン出身の役員と横軸で捉える商店主等の役員との対立が生まれました。行政が定めた目標達成に向けて町内の融和を図ろうとする人々と、多様な町内住民のさまざまな声をもとに活動しようとする人々との対立ですが、両者の溝は次第に深くなっていきました。商店街の衰退もあって、自営業者の町会役員は激減しました。その結果、町会・自治会では、商店主たちが培ってきた地域に関する知識や情報を活かすことが少なくなり、住民個々の顔も見えにくくなっていきました。今では地域で活動する人のほとんどは60歳代以上で、若者はごく稀になりました。２００４年に革新区政が終焉するとともに、15あった住区協議会は２００６年までにすべて廃止されました。

◎行政の集権化と地域団体

２０１１年からは、かつての「地域センター」に代わって、同じ場所に「区民活動センター」

が配置され、町会・自治会他4団体の代表が「運営委員会」（事務局）を組織することになりました。中野区の助成金を全運営資金として、自主的に行政のお手伝いをしながら地域活動を進めるという体制です。これにより、行政と地域団体との関係は住民参画型から行政指導型へと大きく方向を変えていきました。現在、町会・自治会では行政サービスの末端を担うことがますます増えているというのが実情です。本来、会員組織である町内会の自主を支える最も大切な基盤は「隣近所」ですが、現在の流れはこの基盤を町内会の末端組織にしてしまう危険を孕んでいます。

行政がここまで積極的に町会をはじめとする地域団体にてこ入れをするのは、それだけ地域団体の足腰が衰えたということでもあります。弱体化の背景には、次の4つが考えられます。

①世代間の信頼関係が弱まり、若者が近隣でのボランティアに関心を持たなくなったこと。もちろん若い世代のなかには、地域から遠く離れたところで活発に活動しているグループも数多く見られます。ただ、なぜか、その人たちは、親や近隣とはあまり関わりたがらないのです。

②高齢者の意識が変化したこと。高齢者の多くは、わが子を近隣の濃密な付き合いから遠ざけることや、わが子の世話にならないことが、この世知辛い世の中から子どもを守る術だと思い込んでいます。自分の上役の葬式は熱心に手伝いながら、親や近隣の葬式を疎ましく思う若者が増えているのも、こうした親世代の意識の変化が一因になっていると思われます。

③子どもの遊び場に関心を持つ親が減ったこと。1世帯当たりの子ども数が減り、親は子育てと仕事に多忙を極めるなか、親と子どもだけの生活のほうがむしろ他人に煩わされる面倒もなく、お手軽だと思えるようになったのでしょう。その背景には、子育てが保育園などさまざまな施設に分散され、機能化されてきたことが挙げられます。家族や近所の協力を求めなくても、経済的な負担に耐えられれば、それらを利用することが可能になりました（家族や近所の人たちが関わるかつての子育てにおいては、公園、路地、庭、ベンチ等、会話と遊びの空間が不可欠でした）。

④人と人とが普通に話す基本的なコミュニケーションが減ったこと。会話抜きで買い物ができます。商店・レストランではマニュアル重視の丁寧すぎる接客が当たり前になっています。これでは「ありがとう」を発する余地すらありません。戸建ての住民とアパートの住人との関係にも、この基本的なコミュニケーションの希薄さが目立ちます。

もちろん、地域団体の弱体化には、産業化や都市化現象、資本と労働の極端な自由化など、マクロレベルでの変化も大きな影響を与えてきたのはいうまでもありません。

私はこうした変化を肌で感じながら、このまちで、災害への備えを実践するには何をなすべきかを幾人かの仲間とともに模索してきました。公の指導による住民の助け合いは不毛だと感じてきました。自立した住民による共同こそが地域の安全・安心を支えると思い、雨水対策に取り組んだり、町会から独立した組織を近所の人たちと作って防災訓練を実施したり、あるいは町内の自主防災会の若返りや行政に頼らない行事企画を住民の方々に提案したりと、さまざまな取り組みを行ってきました。しかし、これらの試みは残念ながら、瞬く間に高齢化と世代間離反の波に呑み込まれ、一時的な活動に終わってしまいました。

◎自立・自主の住民共同に向けて

それでも、あきらめたわけではありません。今は、町会の災害避難所に指定されている中野区立白桜小学校を活動拠点にして、私も所属する上高田まちづくりの会主催により、白桜小学校PTAと上高田住民フォーラム（本書131ページ参照）の協力を得ながら「親子まちあるき」を実施しています。地域の歴史や地形への愛着を育みながら、まちと住民の安全を考えようとする活動です。

まず、同小学校の子どもたち（3年生以上）が地域のお世話役（お年寄り）と保護者とともに自分たちのまちの周辺を歩きます。歩いたあと、教室では

「親子まちあるき」のあと、白桜小学校にて“ガリバー地図”に「発見」を書き込む参加者たち／2014年7月13日。

お年寄り、保護者、小学生の3者がそれぞれ自分の歩いたコースごとに分かれ、歩いて感じたまちへの思いと防災・防犯に関する発見を〝ガリバー地図〟（大型マップ）に綴り、発表し合います。最後に、先生と保護者の意見や上高田まちづくりの会の総括を加え、その成果を関係者に報告します。

この活動の目的は、子ども、親、祖父母にあたる3世代の交流を通じて、**世代の違いを越えた自由な会話の場**を広げていくことにあります。町会のメンバーか否かにかかわらず、住民同士が自由に集い、話し合う場が大切だと考えたのです。将来的には、個人あるいはグループ単位で実践できる自主防災の指針書「防災まちづくり宣言」の作成へとつなげていきたいと思っています。

これを実現するには、学校が地域の郷愁の要であり、地域の城であった時代の、子ども中心のまちづくりを皆で協力して取り戻していく必要があります。そのためには地域住民の半数を超える転入居住者にとっても、その地域の学校は同じ思いを共有できる城であらねばなりません。**学校を足場に**子どもを中心とした3世代の輪が広がり、まちの希望を共に語り合うことができれば、そこからきっと多くの可能性が開けてくるに違いありません。誰もが自由に参加できる「親子まちあるき」のようなイベントを、あちこちで提案できるようなまちづくりをめざしています。

いずれ遠くに転出していく若者にも、今、住んでいるこのまちに親しんでほしいものです。私たち旧住民の側からメッセージを発し、機会を作り出していく必要があります。若者が「隣近所」や地域で楽しく会話を弾ませるまち。若者が遠くでボランティアをしたいと言ったとき、子どももお年寄りも喜んでエールを送ってくれるまち。そうなれば、若者は行った先々で上高田のまちの夢を語り、戻ればかの地の誇りや希望を私たちに話してくれることでしょう。人と人、地域と地域が縁を結ぶということは、お互いの過去・現在・未来を見つめ合うことに他なりません。一方的な関わり方は、その先の関係づくりとは無縁の、単なる完了形にすぎません。3世代の輪の広がりは、お互いについて語り合うなかから生まれてくるのだと思います。

◎世代に応じた役割の分配

ところで、地域の「支え合い」は高齢社会の安心の要と言われます。これには誰もが頷きます。一方、行政の働きかけのもとで、コミュニティや防災活動においては「共助」という言葉が定着し、重視されつつあるように見えますが、その内容は私たちがイメージする「支え合い」とは同じではありません。地域の「支え合い」を大事にしたい住民が、行政からの「共助」の要請にいつも上手に応えうる器用さを持ち合わせているわけではありません。

1つの事例があります。全国的な傾向として、高齢化に耐えられなくなった自主防災会では、自分たちの負担を軽減するために、防災訓練に中学生を参加させるケースが増えています。上高田もその例外ではありません。中学生が大人に取り巻かれて訓練に励む光景をよく見かけるようになりました。「大人たちは日中、働きに出ているからまちにはいません。だから、災害時には君たちに救助、消火の中核を担ってもらわなければなりません」。これが決まり文句のようになっています。しかし、まだまだ近隣には大人はいます。よその地域から通勤してくる大人も大勢います。行政や地域団体が社会的責任を持て余し、未成年者を当てにするというのは、〝いつかきた道〟ではありませんか。少年兵や靴磨きは、やむを得ないことだったのでしょうか。行政のいう「共助」と隣近所の自然な助け合いを意味する「支え合い」との間には相当の距離があるようです。

子どもたちが、まちぐるみの防災訓練を見学したり疑似体験して育つことにはもちろん賛成です。大人に見守られながら育った子どもたちは、青年になったとき、きっと優しさと分かち合いの心でまちを支える担い手になってくれるでしょう。老いも若きもそれぞれの立場や特性を生かし、世代に応じた役割を果たすこと。これが地域活動を充実させ、災害にも耐えうる持続的なコミュニティを作り出していく条件だとは言えないでしょうか。求められているのは、地域へ寄せる個々の期待とそのために負うべき個々の責任を、世代間で上手に分配することだと思います。

第 3 章

三好亜矢子

防災訓練は祭りだ！

中学生も楽しく参加しています

今から3年少し前の2011年12月3日、昼近くのことです。私（三好）は奥羽東線最上町駅（山形県）の待合室に置かれた灯油ストーブで、ぬれた靴下を乾かしていました。東京から履いてきたブーツに雪がしみ込み、足がすっかり冷たくなっていました。駅から歩いて50メートルほどの距離にある最上町公民館で午後1時から第25回仙山カレッジ「共助は峠を越えて――『志民』が見た大震災」が始まります。開場の時刻が迫り、私は「えいっ」と気合いを入れると、生乾きの靴下をまた履いて歩きはじめました。

東日本大震災の際、停電などの困難な状況にあっても新聞発行を続け、地方紙の雄として名を高めた河北新報社が主催するこの仙山カレッジ。2003年から山形・宮城両県で年に数回、交互に開催される学びの場として両県関係者間の交流を後押ししてきました。毎回、産業・交通基盤・観光・歴史・文化・暮らしなど多様なテーマでゲストを招きます。私が参加した仙山カレッジには3人のパネラーが登壇されました。そのなかのお1人が菅原さんでした。菅原さんとの出会いです（このときのシンポジウムの模様は『3・11以後を生きるヒント』（共編著、新評論、２０１２年）に紹介させていただきました）。

「ただ１人の命も失わないために、町内会が一丸となって防災・減災に力を入れている」。その熱い訴えに心を動かされ、１度は福住町を訪問したいと願っていました。「私たちの防災訓練を是非１度、見に来てほしい」とのお誘いに、２０１４年11月９日（日）、第12回福住防火・防災訓練を見学することになりました。

一　第12回福住防火・防災訓練

曇り空に冷たい風が身にしみる当日の午前８時半、会場の福住町公園では、菅原さんがトレードマークの半袖のサファリルックで走り回り、彼とともに50人近くの関係者がテントやブースの設営に大奮闘中でした。

菅原さんの口癖が蘇ります。「防災に特別なものは何もいりません。**『常の訓練』が一番です**」と。一般に、町内会や防災会、自治体などの多くはマニュアルを作るだけで満足しがちですが、「いくら立派なものでも普段から訓練していなければ、いざというときには全く役に立たない」というのが菅原さんの持論なのです。

あの3月11日、公園内の集会所に避難してきたある住民の方が、しみじみと菅原さんに語りかけたそうです。「会長、普段の訓練のとおりにできたね。訓練の延長のようだった。落ち着いて行動できた」と。たとえば、福住町の自主防災マニュアルでは、避難場所については、指定避難所である小学校は家を失い本当に困った人たちのために空けておき、自分たちは自宅にとどまるか、あるいはそれが難しいときには公園内の集会所に避難すると決めています。第1章で菅原さんご自身が述べているように、発災後、住民のほとんどがそのとおりに行動できたのは、ひとえに日頃の訓練の賜といえます。「考えるよりも先にからだが動いてくれた」と菅原さんは胸を張りました。

旗で安否確認

公園のあちこちで準備が進むなか、やや所在なさげに公園の西側にあるブランコの前のベンチに座っていた、穏やかな雰囲気の小野寺達郎さん夫婦（60代）に声をかけました。町の北側、仙石線に面した地区に位置する3班の班長さんとのことでした。

午前9時を過ぎた頃、公園の南東の角に設けられた災害対策本部から「町内会員名簿」を受け取った20人の班長さんが、自分の所属する班に向かって歩き出しました。小野寺さんた

安否確認のピンクの旗。全戸配布。

2013年まで使用していた白のタオル（これがあれば問題なし）。

ちは３班に所属する17所帯の被害状況を確認します。重症者・軽症者、火災、家屋の半壊・全壊の見回りです。

まず、各家の郵便受けや戸口にピンクの旗が掲げられているかどうかをチェックします。人にも建物にも被害がなく、救援が不要な場合は、各家庭がこのピンクの旗を出すことになっています。去年までは、フェンスや玄関先の植木などに白いタオルを巻いていました。今年から、長さ30センチほどの竹にＢ５サイズの布を取り付けたこの旗を掲げることになりました。婦人コスモス部や福住おねえちゃんクラブ（手芸サークル）の有志10人がミシン掛けに励み４００枚を手づくりし、会員世帯３８０軒に配布したそうです。タオルと旗

被害を想定した張り紙。

の両方を掲げている丁寧な世帯もあります。旗が見当たらない場合はインターフォンで「大丈夫ですか」と声をかけます。17世帯中、旗が掲げられていなかったのはわずか２軒。留守か就寝中か事情はわかりませんが、返答がありませんでした。

１軒の郵便受けには、Ａ４の白い紙に「一部損壊」と書かれたものが張られていました。被災した家屋であるという想定です。この紙は訓練当日の朝早く担当執行部役員さんが班長さんたちには知らせず各班のどこかの家に張っておくそうです。これを各班長さんがそれぞれ確認して本部に被害状況を報告する手筈です。ただ、訓練とはいえ、自分の家が被災家屋として想定されるのは、住民にとっては気分のよいものではありません。毎年、執行部の役員宅に張るのが常態化しているのが実情です。

安全を示す黄色

福住町では旗にピンクの色を採用していましたが、**全国的には黄色**が使われています。これは**安全を示す色**として、「わが家は大丈夫なので、他の人を助けに行ってほしい」との積極的なメッセージも意味するとされています。１９８０年代以降、静岡県富士宮市を皮切りに千葉、神奈川各県の一部自治体で採用されたのが始まりです。以後、災害時には黄色のハンカチやバンダナなどを道路から見えるところに掲げることが、「自分は大丈夫」「救援は不要」の意思表示として定着するようになりました。これを使えば災害時、全戸の安全確認を短時間でスムーズに行うことができます。

　仙台市によれば、東日本大震災のとき、仙台市太白区の鈎取《かぎとり》ニュータウン町内会（１２９世帯）では、地震発生から35分で全世帯約４００人の安否を確認することができました。同町内会は10年前から、災害時の安否確認をすばやく行うため、家族全員が無事なときは玄関先に「**黄色いハンカチ**」を出すと取り決めていました。**全世帯の8割が「黄色いハンカチ」で無事を知らせました。町内会役員が残りの2割の世帯を回り、午後3時20分頃までにすべての住民が怪我もなく無事なことを確認したそうです。**日頃の備えがものをいった事例の１つです。

　こうした安否確認に旗やタオル、ハンカチなどを掲げる取り組みは全国的に広がっています。この方法のよさは、安否確認に自分のプライバシーを一切明らかにしなくても済む点にあります。

プライバシーを守る

東日本大震災のときには、死者・行方不明者の約６割が65歳以上の高齢者、また約２割が障がい者の方々でした。また、こうしたいわゆる「災害弱者」の方々を支援する側の消防団員、民生委員の人たちも数多く命を落とされました。いざというときには、「公助」は機能しないという反省に立ち、２０１３年６月に災害対策基本法が改正されました。

この法律改正では、まず、「市町村長は**避難行動要支援者名簿**を作成しなければならない」ことが定められました（以前は「災害時要援護者名簿」といわれていましたが、呼び方が変わりました）。次に、この名簿の使い方として２つのことが取り決められました。第１は、本人の同意が得られた場合、行政は平常時でもあらかじめ災害の発生に備えて、消防、警察、民生委員、社会福祉協議会、自主防災組織などの避難支援関係者に個人名簿を提供できるようになったこと。第２は、災害が発生、あるいは発生する恐れが高いとき、行政は本人の同意なしでも関係諸機関に個人名簿を提供できるようになったことです。

しかし、行政が本人の意思に関係なく名簿を作り、発災時にはこれを積極的に活用するこうした方法は、当事者にとっては病気や障がいの有無など、知られたくないことが漏えいする恐れが高まり、本人に著しい不安を与えてしまうという点で問題を残しています。「安否確認」に特化して考えれば、旗やタオルを掲げる方法のほうが、名簿に関係なく全世帯を対象とし、「避難行動要支援者」も安心して意志表示をしやすい点で優れています。

もっとも、行政による名簿作成は、支援のネットワークをあらかじめ作っておける点で有効です。この方法と、「自分は大丈夫。別の人の救援へ」というメッセージを兼ねた旗による方法とを組み合わせれば、安否確認と救援活動はよりスムーズに行えるのではないでしょうか。とくに、後者は、一種のトリアージ機能を果たす点で利用価値はきわめて高いと思われます。自分の安全をアピールすることで、支援が必要な人のほうへ限られた人員と資材などを振り向けることができるからです。

マンションやアパートは未加入

ほぼ同じ時間帯に婦人コスモス部の瀬戸よし子さん（69）が3班にやって来ました。「重要支援者」にリストされている人の安否確認を取るためです。そのうちの1所帯は、石巻市渡波《わたのは》地区で津波により家屋を失い、福住町のアパートに引っ越してきたご夫婦のお宅でした。

ところで、このご夫婦は町内会に加入していますが、アパートやマンションの住民の多くは非加入なので、町ぐるみの防災訓練とはいえ、そのほとんどは訓練に参加していないのが実情です。

町内会は誰かに強制されて加入するものではありませんから、町内会側としても、非加入の方々に行事への参加を呼びかけることには遠慮がちになります。これはなにも福住町だけの話ではありません。全国の町内会が同じような状況にあります。それが結果として加入率の伸び悩みという問題につながっています。町内会加入率の全国平均は住民数単位で4～5割というところでしょうか。福住町の場合も、世帯単位では8割近くに上りますが、住民単位ではやはり5割程度にとどまっています。

町内会は法的には純然たる地縁団体以外の何ものでもありません。加入には何ら資格要件はなく、退会も自由です。その面では、開かれたゆるやかな組織といえます。しかし家族単位での加入が一般のイメージとして定着しているため、とくに1人暮らしの勤め人などには参加しにくいという、もう1つの側面もあります。会合やイベントなどには関心はあるが、単身世帯として時間の調整が難しいために加入しない人たちもいることでしょう。結果として、町内会では人員不足のために、定年退職した男性が執行部を長く務めざるを得ないケースが多く、行政の下請け的な役割に甘んじている人も少なくありません。

町内会の役員さんの高齢化が進み、いざというときに力となってくれるるはずの若い人たちが地域活動と疎遠なまま暮らしているのは、「共助」の充実を図る点でも、大きなマイナスといえます。福住町のような、積極的に活動を行ってきた町内会でさえ、この壁は高く、乗り越えるのは容易ではありません。


さて、班長の小野寺さんご夫婦が、石巻から越されてきた先のご夫婦のアパートに向かうことはありませんでした。理由は、各班長には「重要支援者」リストが渡されていないからです。重要支援者に対する見守り活動は、日常的には婦人コスモス部の人たちが分担して行っています。そのため、災害時の重要支援者への安否確認も、主に婦人コスモス部が他の執行部三役とともに担当する体制になっているのです。

いつ発生するかわからない災害に備えるためには、執行部三役や婦人コスモス部の方々だけでなく、一番近くに住んでいる班長さんにも、普段から一定の情報共有があってもよいのではないかと思いました。万一のときに、真っ先に駆けつけることができるからです。そう指摘した私に対して、小野寺夫婦は、「そうかもしれないけど、役員〔執行部〕の人たちは私たち班長に余計な負担を与えないようにと気を遣ってくれているのかも」と応じました。

相手の立場も肯定的に理解しようとする寛容な小野寺さんご夫婦。一定の距離を置いて、ゆるやかに要支援者や重要支援者の方々の様子を見守るという日常的な活動を担うのは、まさに小野寺さん夫婦のような人たちにこそピッタリです。こうした見守り活動では熱心さのあまり、ご自分が担当するお宅を毎日のように訪れ、かえって相手を困惑させるというケースがよくあります。しかも本人がそれに気づいていない場合も少なくないようです。残念ながら、これは全国の多くのコミュニティで起きていることです。「見守ってやっているのだ」という圧迫感を相手に与え、無意識に上から目線で接していたのでは、せっかくの善意があだになってしまうかもしれません。支援を必要とする方が本当に協力を求めたいとき、SOSを出すのをためらうかもしれないからです。執行部の大内さんがいうように、ごみ出しや買い物、散歩などで顔を合わせたときにさりげなく言葉を交わすこと、それがお互いにとっての思いやりのある関係づくりの基本であり、まさにそれ自体が本来の「見守り」活動、「命を守り合う」活動ではないかと思います。

中学生の参加

10時20分に昼花火が３発鳴りました。夜空に大きな花を咲かせるような仕掛け花火ではありません。運動会やお祭りの開始を知らせるこの花火、今日は防災訓練の始まりを告げる昼花火です。上げたのは福住町を含む10町内会を学区とする仙台市立田子中学校（２０１４年５月１日現在、生徒数３４１名）。各町内会で一斉に開催される防災訓練への参加を全校生徒に促すための花火で、サイレンと同じく大きな音が出ます。私にとっては久しぶりの昼花火でしたが、**中学校が全校あげて防災訓練に参加するケースは初めての体験です**。

開始前の９時過ぎから集まってきた中学生たち。

菅原さんによれば、３年前、福住町の防火・防災訓練を見学した田子中学校の当時の校長がそのスケールの大きさと迫力に度肝を抜かれ、「こんなすごいことをしていたとは知らなかった。今後は全校生徒をそれぞれの町内会の防災会に参加させなければ」と決断したそうです。２０１４年、同中学校は新しい校長を迎えましたが、その方針はそのまま受け継がれています。生徒はそれぞれの町内会の防災訓練に授業として参加し、翌日の月曜日は振替休業となります。

福住町公園にも32名の中学生が揃いのブルーのジャージー姿で張り切ってやって来ました。まず、朝一番の仕事は3人1組で車椅子を押しながら「負傷者」のお宅を訪れ、「負傷者」を乗せて公園内の救急救護班まで移送する訓練です。

私が同行した3人の男子生徒は、救急救護班の隣に設置された災害対策本部で「重傷者」の名前と住所を受け取り、「さあ、行ってらっしゃい」と押し出されて意気揚々と現場に向かいます。「場所、わかる?」「俺が知っているから大丈夫だよ」と彼らは、車椅子を押しながら駆け出しました。大人が誰1人、同行しないのが少し気になります。

「重傷者」のお宅は公園から歩いて5分ほどの距離にありました。庭に乗用車が1台停まっていました。そのため、戸口から外への出入りは人が1人やっと通れるほどの隙間しかありません。これでは車椅子を玄関に横付けすることは不可能です。どうするのかなと見ていると、すぐに「重傷者」と黒字で大きく書かれた白いゼッケンの60代の女性が戸口から出てきて、急ぎ足で車椅子に向かいました。中学生の到着を今か今かと待ち構えていたようでした。「重傷者」が車椅子に乗り込むと、中学生たちは元気に公園内の救急救護班へと車椅子を押しはじめました。

中学生たちは「重傷者」の顔色や呼吸、脈を診ることも、「おはよう」の挨拶以外は言葉を交わすこともありませんでした。彼らに指示された仕事は、ただただ「重傷者」を急いで運んでくることだったからです。車椅子のあとを追いかけて歩きながら、私はいろいろと考えさせられました。

実際の災害では、重傷者のケガの程度によっては自力歩行できない場合も考えられます。その場合は移送を行わず、その場で救急措置を施すほうが適切な判断といえるでしょう。重傷者を診断して治療方針を決める医療専門家が現場にいて、そこに中学生が立ち会うというような設定でもうひと工夫すれば、訓練自体にもっとリアリティが出るのではないかと思いました。

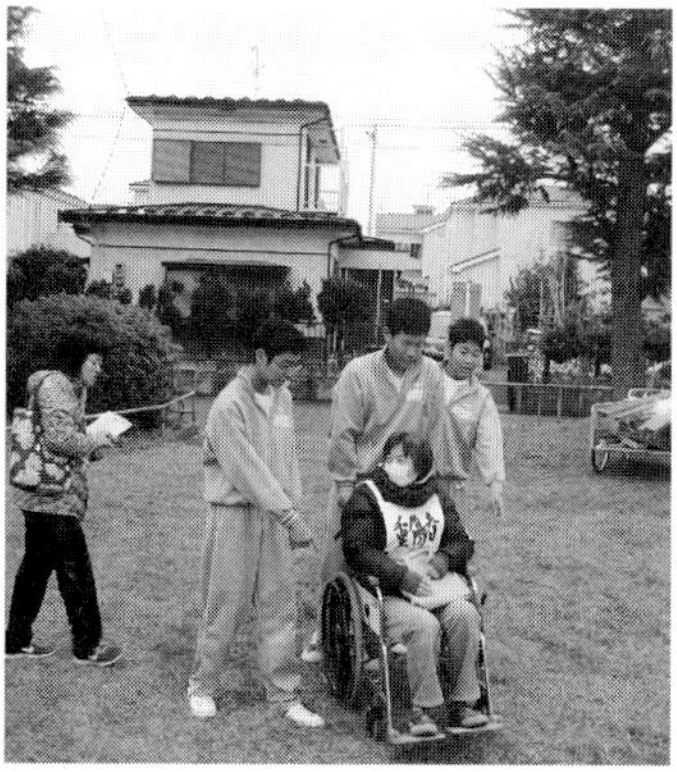
「重症者」を救助し公園に戻った中学生。後方は引率の先生。

最近の傾向として、昼間の災害に備えて中学生に注目し、中学生たちに本格的な防災訓練を施そうという動きが高まっています。日中は多くの大人が地域の外へ働きに出ているため、その間隙を何とか埋めなければという発想です。私は小・中学生に対して防災教育を行うことには大きな意義があると思い

安否確認の情報をまとめる掲示板。班長さんの指示に従って、中学生も記入の仕方を練習。

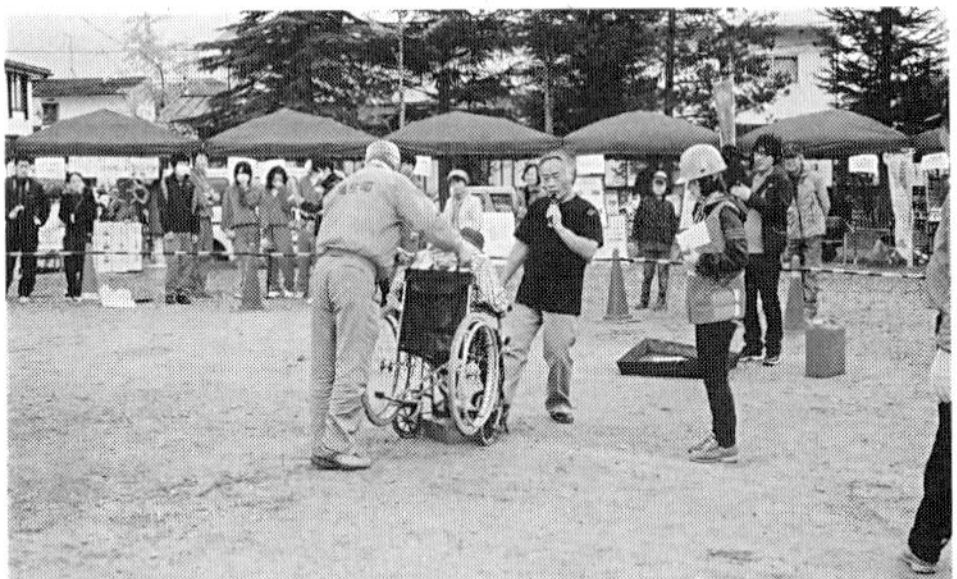

障害物に要注意！　安全な車椅子の操作を呼びかける菅原さん。ヘルメットの女性は防災減災広報部長の大内さん。

ますが、大人と同等の即戦力を期待するのは無理があるのではと危惧します。もしも未成年の中学生が救援活動に参加しているうちに命を落とすようなことがあれば、誰が責任を取るというのでしょうか。いかなるときでも大人が必ずそばにいて、その指示のもとに安全に活動できることが大原則でなければなりません。

小・中学生に対して喚起、徹底すべきは、火災や倒壊した家屋と戦うことではなく、災害から**「逃げて自分の身を守る」**ことだと思います。防災減災広報部長の大内さんも、**「発災時にはまず逃げ道を確保して命を守ること。『火事だ！　誰か119番！』と、とにかく叫**

ぶこと。これを徹底することがすべてだと思う」といいます。その有効性は東日本大震災のとき、岩手県釜石市の小・中学校の子どもたちが自らの判断で率先して逃げて、近隣住民の命をも救った〝釜石の出来事〟が示すとおりです。津波による釜石市の死者・行方不明者は1000人以上に上りましたが、釜石市の学校に通う小・中学校の全生徒2926人中、学校を休んでいたなどの5人を除く全員が津波の難を逃れました。その生存率は99・8％。発災の瞬間、学校の管理下にあった児童・生徒だけではなく、下校していた子どもの多くも自分の判断で高台に避難しました。危機に直面して大人顔負けの想像力や判断力を発揮した釜石の子どもたちのこの力は、震災の4年前から群馬大学の片田敏孝教授によって始められた防災教育により培われたといわれています。

今回の福住町の防火・防災訓練では、中学生たちは社会福祉協議会のスタッフによる白杖・車椅子体験をはじめ、がれきの下敷きになった人をバールで救出する訓練や、スプレー式消火器・街頭消火器・バケツリレーによる消火訓練、そして「給食給水班」による豚汁づくりなどに、終始、楽しそうに参加していました。地域のおばさんやおじさんの指示に従って、ごく真面目に取り組む彼・彼女らの姿は初々しく可憐とさえ映りました。しかしながら、残念ですが、「逃げて自分の身を守る」力をつけるためのプログラムは少し不足しているよ

中学生によるバケツリレー・消火器による消火訓練。

うに感じました。

　一方、福住町の隣町、福田町横丁町内会の防災訓練では、「逃げること」も念頭に入れていました。福住町公園から徒歩10分ほどの距離にある高砂小学校の会場では、訓練のスタートとともに、およそ２００人の住民の皆さんが続々と同小の４階建て校舎内３階の多目的ホールまで階段を上がっていきました。同町内会の牛坂勝会長（63）は、「津波や水害に襲われたとき、高い場所に逃げる訓練をイメージした」と話されていました。

　今後は、防災訓練とともに防災教育の充実も求められます。中学校だけでなく小学校のカリキュラムにも防災教育を取り入れる全国的な取り組みが急がれます。また、中学校のカリ

高砂小学校で行われた福田町横丁町内会の防災訓練。右は給水栓を開ける訓練。

キュラムには、その地域や校区周辺に関わる具体的な内容を積極的に盛り込んでいく必要もあると思います。たとえば、学区周辺の災害史のまとめや、災害ごとの体験者への聞き取り、田子中学校であれば、とくに東日本大震災時の町内会ごとの対応分析、到来が予想される災害シミュレーションなど、生徒自身が調査・記録・研究したものを、町の防災訓練の場で発表するというやり方もあります。大人が一方的に教えるこれまでの関係を、生徒たちが自発的に考え行動した成果を大人が見せてもらうという関係に変えていければ、実現は難しくないと思います。

減災をめざす活動に重点

福住町公園をぐるりと囲むように並んだブースは25。それらのグループの名称と配置を示した「訓練会場案内図」（次頁）をご覧ください。行政や企業、民間団体など多岐に

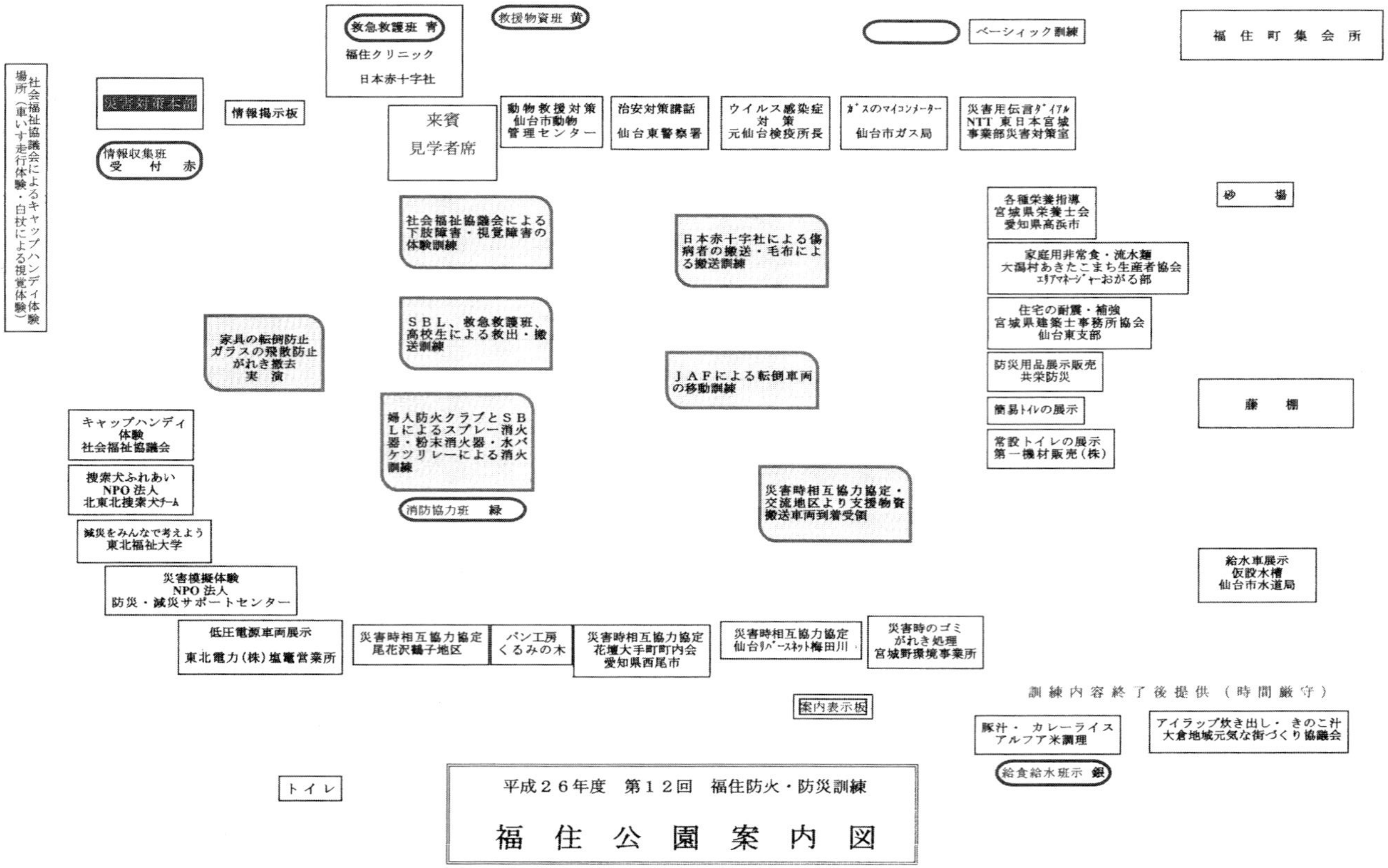
社会福祉協議会によるキャップハンディ体験場所（車いす走行体験・白杖による視覚体験）
災害対策本部
情報収集班 受付 赤
情報掲示板
救急救護班 青
福住クリニック
日本赤十字社
救援物資班 黄
来賓
見学者席
ベーシィック訓練
福住町集会所
動物救援対策
仙台市動物管理センター
治安対策講話
仙台東警察署
ウイルス感染症対策
元仙台検疫所長
ガスのマイコンメーター
仙台市ガス局
災害用伝言ダイアル
NTT 東日本宮城事業部災害対策室
砂場
社会福祉協議会による下肢障害・視覚障害の体験訓練
日本赤十字社による傷病者の搬送・毛布による搬送訓練
各種栄養指導
宮城県栄養士会
愛知県高浜市
家庭用非常食・流水麺
大潟村あきたこまち生産者協会
エリアマネージャーおがる部
住宅の耐震・補強
宮城県建築士事務所協会
仙台東支部
家具の転倒防止
ガラスの飛散防止
がれき撤去
実演
ＳＢＬ、救急救護班、高校生による救出・搬送訓練
ＪＡＦによる転倒車両の移動訓練
防災用品展示販売
共栄防災
簡易トイレの展示
常設トイレの展示
第一機材販売（株）
藤棚
キャップハンディ体験
社会福祉協議会
婦人防火クラブとＳＢＬによるスプレー消火器・粉末消火器・水バケツリレーによる消火訓練
捜索犬ふれあい
NPO 法人
北東北捜索犬チーム
消防協力班 緑
災害時相互協力協定・交流地区より支援物資搬送車両到着受領
減災をみんなで考えよう
東北福祉大学
給水車展示
仮設水槽
仙台市水道局
災害模擬体験
NPO 法人
防災・減災サポートセンター
低圧電源車両展示
東北電力（株）塩竈営業所
災害時相互協力協定
尾花沢鶴子地区
パン工房
くるみの木
災害時相互協力協定
花壇大手町町内会
愛知県西尾市
災害時相互協力協定
仙台リバーネット梅田川
災害時のゴミ
がれき処理
宮城野環境事業所
訓練内容終了後提供（時間厳守）
案内表示板
豚汁・カレーライス
アルファ米調理
アイラップ炊き出し・きのこ汁
大倉地域元気な街づくり協議会
給食給水班示 銀
トイレ
平成２６年度 第１２回 福住防火・防災訓練
福住公園案内図

わたっていますが、訓練の目標は大きく2つに分かれます。第1は、消火活動や、がれき・車両からの救出、アルファ米の炊き出し訓練など、発災後の対応に焦点を当てたもの、第2は、災害によるダメージをできるだけ未然に防ぐ、減災に焦点を当てたものです。

福住の人たちが震災以後、力点を置いているのが2番目の「減災」です。たとえば、東北電力㈱塩竈営業所の方々は通電火災を防止するための心得を啓発します。仙台市ガス局の方々はマイコンメーターの復帰方法などについて周知を促します。マイコンメーターに関する知識は、各家庭にとってはとくに重要です。マイコンメーターは計量器としての機能だけでなく、ガスの使用状況を常に監視し、マイクロコンピューターが危険と判断した際（震度5以上の地震など）にはガスを止め、警告を表示する機能も備えている保安ガスメーターです。揺れが収まり、ガスが復旧すれば、マイコンメーターの復帰用のボタンを操作する必要があります。ところが、これを知らない家庭が意外に多いのです。大きな地震が発生するたびにガス会社に電話が殺到し、サポートセンターの職

各ブースを紹介して回る菅原さん。寒空でもいつも半袖1枚。

員が利用者宅への訪問に追われるといった事態が起きています。マイコンメーターに関する基本的な知識を身につけていれば、発災時、ガス漏れなど実際に深刻な問題が発生している現場のほうに貴重なマンパワーを振り向けることができます。

東北福祉大学学生生活支援センター ボランティア支援課（旧、同大学地域減災センター。仙台市）のテントでは学生数人が「減災をみんなで考えよう」とのテーマを掲げ、地面に敷いたブルーシート一面に手づくりの〝減災カルタ〟を広げていました。子どもたちに「一緒に遊ぼう」と声かけに懸命です。同センターでは、震災前の２００７年から、「マグニチュード７・５クラスの地震発生確率は宮城県が世界一」という危機意識のもと、少しでも減災知識を持つ助けになればと〝減災カルタ〟を作りはじめ、同年6月30日に「第1回こども減災カルタ大会」を開催しました。以後、福住町公園にやって来たような、学生による出前講座を続けています。カルタの新しい読み句の募集も行っています。読み句を少し紹介いたしましょう（126頁、表1参照）。

同じテントに同居していたのはヒーロー戦隊〝防災レンジャー〟の面々です。あまりの寒さに小学生や幼稚園児たちの姿は会場には少なく、やや手持ち無沙汰をかこっていたものの、赤、黄、ピンクのユニフォーム姿もりりしく志は高いと見えました。

“減災カルタ” に興じる女子学生と子どもたち。写真提供：東北福祉大学学生生活支援センター ボランティア支援課。

表１　“減災カルタ”の読み句

あ	あいさつを　すれば広がる　地域の輪
い	いざというとき　強いのは　人と人とのつながりだ
う	うちに　置きたい　救急箱
え	えがおは「パワー」の　源よ
お	おうちへ　帰ってまず　会話

この防災レンジャーは、東日本大震災後に結成された同大学の学生ボランティア・サークル「ＰＡＳＳ」（会員43人）のうち、有志10数名が中心となって、子どもたちに災害時にどうすれば自分の身を自分で守れるかを教えたいと始めた活動で、２０１４年３月にスタートしました。これまでに、仙台市内の児童館や栃木県さくら市内の小学校の防災訓練などに出演しています。同サークル代表の佐々木志乃さん（20）は「子どもたちに言葉だけで『減災』が大事と繰り返しても、心に届かない。もっと関心を引きつけるものを探していた」と振り返ります。そして行き着いたのが、テレビで大人気の〝レンジャー部隊〟です。ショーの最初に、数分間、災害を引き起こす〝サイガーイ〟〝グラグラドン〟〝タイフーン〟の３怪獣と防災レンジャーが登場する紙芝居を上演。そのあと、怪獣と防災レンジャーが実際に子どもたちの前に飛び出し戦います。大喜びの子どもたちに、防災レンジャーはすかさず減災に関するクイズを出題。たとえば、「地震があったら、まず何をするの」と質問し、「『すぐに火を消す』は『〇』それとも『×』？」と問

いかけます。佐々木さんは「私たちも上演のたびに子どもたちを集中させるコツを会得してきた。減災のメッセージをわかりやすく伝えていきたい」と意欲的です。

災害時相互協力協定相手との交流

福住町町内会にとってこの防災訓練の場は、町内外の人たちに、行政・民間を問わず縦横無尽に防災ネットワークを広げてきたことをアピールする絶好の舞台でもあります。

（上）山形県村山市から救援物資搬送車両が到着。（中）荷下ろし作業開始。（下）三河（愛知県）ナンバーも見える／2013年11月10日、第11回福住防火・防災訓練にて。

会場を見渡すと、行政部門としては仙台検疫所の元所長（岩﨑恵美子さん。避難所でのウイルス感染症対策のために手洗いやうがいなどの励行を呼びかけていま

鶴子地区の皆さんのブースは毎年大人気。

す）や宮城県栄養士会（災害時の栄養バランスについて紹介しています）などのブースが、また民間部門としては秋田県・㈱大潟村あきたこまち生産者協会（家庭用非常食を販売している企業です）や宮城県建築士事務所協会仙台東支部（住宅の耐震・補強を呼びかけています）などのブースが見られます。

そのなかでとくに異彩を放ったのが、11時20分頃、公園の真ん中に乗り込んできた軽トラック等の乗用車3台です。**災害時相互協力協定**を締結している花壇大手町町内会をはじめ、交流のある愛知県の個人の方（中根輝彦さん）や山形県村山市の大倉地域元気な街づくり協議会の方々が救援物資を届けにやって来たのです。防災訓練の当日、災害が現実に起きているわけではありませんが、ひとたび発災したら、遠方の友からこのように救援物資が送られてくるとのデモンストレーションというわけです。実際、東日本大震災のときには、協定相手をはじめ、さまざまな団体、個人から大量の物資が届いたのですから、説得力の高さはこの上もありません。同じく協定を結んでいる山形県尾花沢市鶴子地区の女性の皆さんは、今朝、漬けてきたという新鮮なカブやダイコンの浅漬けや、採れたての野菜などを並べてミニ物産市を展開しています。これも大切な交流のあり方の1つといえます。

ビールケースをくり抜いた簡易トイレ／2013年11月10日、第11回福住防火・防災訓練にて。

たかがトイレ、されどトイレ

例年どおり、今回の訓練でも、福住町町内会が独自に工夫した災害時の仮設トイレが展示されました。前年の訓練ではビールケースのなかをくり抜いた手づくり簡易トイレが披露されましたが、今回のものはビールのケースを2個並行して並べ、間のスペースに深さ30センチほどの穴を掘り、ケースに片足ずつ載せてまたがるようにして用を足すタイプです。震災のときも公園の角に設置し、使用したそうです。当時、公園内の集会所には100人が1週間にわたって避難生活を送りましたが、避難者の方々から、トイレに関する深刻な訴えはなかったとのことです。

もっとも、そうした訴えがなかったのは、震災では、同町内の下水管が無事だったので、集会所内の小便器2基、大便器1基は天水桶の水で流しさえすれば使用できたからでもあります。おそらく、各家庭の水洗トイレも同じように使用されたことでしょう。

震災時、福住町の皆さんは手づくりトイレと天水桶によって何とかトイレ問題を切りぬけることができました。ただ、第2章の「天水桶」の節でも触れたように、震災時には、下水処理をする南蒲生浄化センターが津波にやられ、その機能を失っていました。目の前から文字どおり流れて消えた排泄物は、ほぼそのままの形で海洋を汚染していたのです。災害のただ中にあっては、そうした情報を得ることは難しかったでしょう。ただ、仮にわかったとしても、排泄物をどう処理するかの選択肢はごく限られていたはずであり、多くの方にとってはやはり、水洗トイレを使用するしかなかったと思われます。

次の災害に備え、別の方法を準備しようとする取り組みが始まっています。私は東京都中野区の上高田という町に住んでいます。アジア太平洋戦争の際、空襲による焼失を免れた家屋の多い木造住宅密集地区の1つで、東京都が5年ごとに改定する災害に関する最近の危険度調査では、火災で消失する住宅の割合が非常に高いとされているところです。それだけに災害に対する住民の意識は高く、私も上高田住民フォーラムという防災関連の研究・実践を行う市民グループに属しています。私たちが、ここ数年、とくに力を入れているのが災害時トイレの問題です。

１９９５年の阪神淡路大震災に続いて、２００４年の中越地震、２００７年の中越沖地震と大きな災害が発生するたびに、トイレの問題がクローズアップされてきました。そのためさまざまな対策も講じられるようになりましたが、多くは発災直後のトイレ不足をできるだけ早く解消することに傾注しています。つまり、水洗トイレが使用不可になったとき、いかにすれば代替トイレを逸速く大量に投入できるかということに集中しています。たとえば、工事現場やライブ会場などで利用されるボックス型の仮設トイレを被災地外から運ぶという方法もその１つです。マンホールの上に設置するマンホール型トイレも一般的です。また、電気を利用して微生物を活性化させ、排泄物を分解・発酵させて処理する自己完結型コンポストトイレも開発されています。さらに家庭用としては、凝固剤入りのプラスチック袋製のものや、洋式トイレの便座を段ボールでくるみ、ビニール袋を被せて使用するものなど、さまざまなタイプの簡易トイレも市販されています。

しかし、これらのトイレは、いずれも**使用後の排泄物の保管・処理**の点で弱点を抱えてい

コンポストトイレ実験中

家庭にあるものを使って排泄物を処理する試みとして上記の実験に取り組んでいる。

●期間：2013年12月8日～2014年3月30日

●概要：土やおがくずなど内容物の違うバケツを４個用意し、それぞれに７０グラのサンマの切り身を投入し、その分解状況を観察・記録した。
観察は１週間ごとに午前１０時に行った。
設置場所は上高田区民活動センターの裏庭。
① ～④のバケツのなかの土などの総重量は１０キログラム。

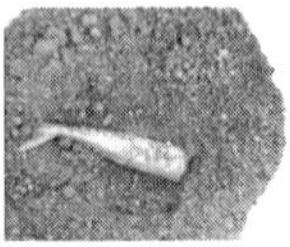

（ほんとは鯛でやりたかった！）

【２月１６日（日）】　カビが生えてきた。

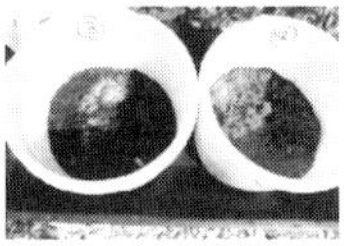

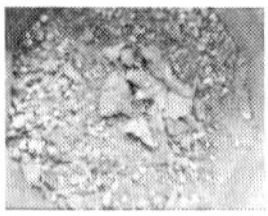

３月末にはすべて分解

土の種類は無関係
①～④ともにほぼ同じように分解が推移した。

２．過酷条件下で分解進行
実験中の土中温度は０～５℃、外気温は１～７℃。ほぼ３カ月で全て分解された。

３．臭いはなし

４．土中温度は外気温の影響なし
バケツ③の土中温度は外気温によって変化が見られなかった。

現在も実証実験、続行中！！

「身の回りから防災――トイレ編」上高田住民フォーラムのパンフレットより。

ます。仮設トイレは便槽の容量を超えて使用することはできず、満杯になれば無用の長物になります。それをどう処理すべきかという別の問題が生じてしまいます。また、現在、主流となっているマンホール型トイレは、下水道が機能しなくなった場合、排泄物がその場に滞留するため、臭気と衛生面から長く維持することはできなくなります。この種のトイレには、下水管に水流を流すバッテリー・システム付きのタイプもありますが、バッテリーの補充ができなければ、それも長期間の使用は期待できません。さらに、袋状の簡易トイレは一見、処理が簡単そうですが、これを何日も使用する場合には、行政のごみ収集機能が発災後、早期に復旧することが大前提となります。収集してもらわなければ、オムツと同じように溜まる一方だからです。自宅の庭やベランダ、道路などに積み上げて、ごみ収集車を一日千秋の思いで待っている間に伝染病が発生しないとも限りません。

そこで私たち上高田住民フォーラムが研究・開発しようとしているのが「**電気不要のコンポスト型トイレ**」です。排泄物を新聞紙などで包み、ベランダのプランターや庭に埋め、微生物や活性炭などの力で分解させる実験を続けています。自宅にそのスペースや土がない集合住宅の場合には、共同で処理するための事前の話し合いも必要になってくるでしょう。ごみ問題と同様、トイレ問題は、排泄物を集めれば集めるほどその処理はコストも時間もかかる大仕事になってしまいます。自らの排泄物を自らの工夫でコンパクトに土に返すためにどうすればよいか、福住町にはこの難題に是非、楽しくチャレンジしてもらいたいと願っています。

二　チームワークの良さが魅力――訓練を終えて

防災訓練のあとは公園南側に設営したテントに集まり、参加者全員で、サバイバル飯と豚汁で労をねぎらいます。「お祭り」のようなこうした光景は、町内の各種行事はもちろんのこと、テントや綿菓子機を積んでおじゃまする訪問先でも同じだそうです。

訓練のあとは恒例の豚汁タイム。

その後、菅原会長と執行部の役員さんたち20数名による反省会が、同じ南側の角にある集会所で行われました。熊本県から見学に訪れたという若者もいます。総務部長で最年長の高谷新市さんは80歳。第1回の訓練から参加していると誇らしげで、「訓練がスムーズに進んでよかった。終了の時刻どおりに終わって本当によかった」と笑顔です。婦人コスモス部長の高木陽子さん（71）は、端材などで救出訓練や消火訓練用のがれきを作成した緑地部長の小野寺昭夫（72）さんたちを「本当に上手に作っていて、すごい」とほめたたえます。

　会計の菅野赳男さん（73）は、各班の班長さんたちが調査した安否確認報告書を集計しています。今回、初めて行ったピンクの旗を掲げる作戦。大きな成果を上げたことがわかりました。１年前の訓練では、無事を示す白いタオルを掲げていたのは３８５世帯中わずか20世帯にとどまりましたが、今年は３８０世帯のうち１７６世帯が掲げていました。およそ半数近くが防火・防災訓練を意識し、旗を掲げることで参加したことになります。コミュニティとのつながりがますます希薄になっている昨今、きわめて高い参加率といえます。

　高谷さんの奥さまが用意した手料理の差し入れ、少しのビールも入って、皆さんの談笑が続きます。「とにかく寒くて、寒くて。防災グッズの業者さんたちのそれぞれの話しが長いね。もう少し短くお願いできないかな」と本音もちらり飛び出します。交通安全部長の千葉均さん（66）は「防災訓練の内容が人目でぱっとわかる案内板があれば、よかった。来年は公園の入り口に作るといい」と指摘しました。すかさず、みんなから「じゃ、千葉さんが作ることで決まり」と声が上りました。

震災から3年半、継続的に被災地に支援を届けていることにも話しが及びました。誰からともなく、「被災地にいろいろな支援物資を運び続けてきたが、正直、本当に役立っているのかと不安になることがある。この間は、『タバコはないの』と催促されたほどだ」とため息が出ました。すると、会社員でPTA活動を30年間にわたって行ってきた衛生部長の田中政男さん（65）が、柔らかな口調で「だけどね、津波で自分が何もかも失ったとしたらね、貰えるものなら何でも貰えたらと思うのが正直なところではないかな」とさりげなく取りなしました。

福住町町内会の皆さんは、和気あいあいとしながらも1つの意見に流されず、さまざまな角度の異なる意見にも寛容な人たちであると感じられました。このチームワークのよさが福住町町内会のパワーを生み出す源です。

寄稿2 マンションの防災対策

若山　徹
(株)地域計画研究所代表取締役)

私たちは、ここ数年マンションの防災対策に取り組んでいます。主な内容は、東京都中央区における高層マンションの震災時活動マニュアルの作成とマンションからの依頼に対応する防災アドバイザー活動、東京都港区の防災アドバイザー活動等です。中央区では、高層住宅のマニュアルづくりの経験に基づき、２０１１（平成23）年に全国初となる「高層住宅防災対策――震災時活動マニュアル策定の手引き」を作成し、活用を進めています（手引きは中央区ホームページで公開）。

本稿では、中央区におけるマンションの防災対策を紹介するとともに、中央区の防災アドバイザーとして私たちが支援や経験してきたことを通して、マンションの地震防災活動のポイントを考えてみます。

◎中央区のマンション防災対策の状況

中央区は、区民の90％以上がマンション住まいであり、とくに急増する超高層マンションの防災対策が課題でした。そのため、超高層マンションについては、マニュアル策定を希望するマンションを年間3棟選定し、1年間かけて個別のマニュアル策定を支援、また、防災の取り組みを行うマンションにはアドバイザーを派遣し、マニュアルづくりや防災訓練の進め方等の助言を行っています。さらに、マンションの取り組みの経験交流や知識を広げるために、年2回の講習会を開催しています。これまでの主な内容は、マニュアル策定の手引きの紹介や区内マンションのマニュアル策定事例報告、講演テーマとしては「東日本大震災の被災マンションの体験と教訓」（東北マンション管理組合連合会紺野会長、浦安市住宅管理組合連合会工藤会長）、「震災時のトイレ・エレベーターはどうなる」（日本トイレ研究所上代表理事、㈱i-tec24 佐藤執行役員）、「マンションの生活防災のすすめ」（加古川グリーンシティ防災会大西会長）等です。

今年（２０１５年）からは、防災対策優良マンション認定制度を創設しています。この制度は、防災組織を設置して、防災マニュアルを作成し、防災活動（年1回以上の防災訓練）を行い、町会との連携がある10戸以上のマンション（専用部分の床面積が1戸当たり40㎡以上の住宅）を防災対策優良マンションとして認定し、ホームページで紹介、防災資器材の供与や防災訓練経費の補助を行います。区内マンションの棟数に比べると、防災対策を実施しているマンションはまだ少ないですが、マンション防災の取り組みは着実に広がっていると感じています。

◈震災時の活動を進めるためのポイント

まず、マンションの特徴を把握することが大切です。たとえば、大規模マンションは防災センターがあり24時間管理員が常駐し、会議室、ラウンジ等共有スペースがある一方、中小規模マンションは管理員の勤務は定時であり、共有スペースとして使えるのは、管理室やエントランスホールしかないなどの違いがあります。放送設備はあっても、停電時には使えないなど、マンション内の情報伝達の方法が限られてしまうこともあります。そのため、私たちは住民自身が情報連絡や、防災設備の状況を知る建物点検を行うことを提案しています。

手助けが必要な住民を把握するアンケート調査、マンションのコミュニティ活動を通した住民のつながりなどを通じて、住民の状況を住民自身が把握しておくことも重要です。

◈大地震時の活動の進め方

大地震時のマンション住民の活動については、ライフライン（電気、ガス、水道、エレベーター等）は停止するがマンションは倒壊しないということを前提として、**発災期・被災生活期・復旧期の3つの時期の活動や防災訓練の実施**、大地震への備えなどをあらかじめマニュアル化しておくことを提案しています。マニュアルの策定は、管理組合や自治会のもとに策定組織を設置して行います。

【発災期の活動】地震発生直後の活動であり、在宅する住民が安否確認と救助救護を行います。東日本大震災は午後2時46分に地震が起こりましたが、この時間帯は高齢者と主婦が在宅することが多かったようです。私たちがマニュアルづくりのときに行う住民アンケートでも、平日の日中は働き手や子ども、学生は外に出ており、在宅者の多くは高齢者や主婦であるという結果が出ています。そのため、管理組合や自治会の役職で役割を決めておいても、実際には不在の場合が多いことから、在宅する住民で活動することを前提としています。

大地震が起きたら、まず身の安全を確保し（火災が発生した場合は初期消火）、電気、ガス、水道の元栓を閉め、懐中電灯等の明かりを持ってエレベーターホールに集まります。明かりを持参するのは、廊下や階段の非常用照明は30分程度しか持たないこともあり、マンションの構造によっては真っ暗になるからです。集まった住民で同じ階の安否を確認し、その情報を安否確認シート等に記入し、避難階段を使い、リレー方式等で対策本部（1階エントランスホールやロビー等）に伝えます。超高層や高層マンションは、階数が多いことや移動が困難なことから、3つから5つの階を1ブロックとし、真ん中の階を拠点階として、各拠点階にそのブロック内の階の安否情報を集約し、トランシーバー等の機器を使い対策本部に伝えます。

対策本部は、低層階の住民が1階エントランスホール等に集まり立ち上げます。対策本部や各階の活動は集まった住民の間で代表、情報、救護の3つの役割を分担しますが、人数が少なければ兼務します。対策本部では、各階の安否確認情報を一覧表に記入し、一目で住民の状況がわかるようにします。また、待避所（待避スペース）を確保し、救護が必要な方や余震が不安な住民、あるいは帰宅住民（高層マンションの場合、高層階にすぐには帰れない住民もいる）の利用に備えます。

【被災生活期の活動】これは地震発生2日目以降の活動で、ライフラインの停止を前提に、住民同士が支え合う活動を行います。帰宅者も増え、活動できる住民も多くなることから、対策本部や各階の体制を充実させます。対策本部は、あらかじめ決めておいた役職の配置を行い、活動に参加できる人員を募るとともに、安全（建物の状況把握、町会と連携した防犯等）、物資（備蓄品や救援物資の管理、配布）の担当を追加します。また、近隣の小・中学校等の公共施設が防災拠点（地域への情報提供・物資配布、避難所・救護所を設置）となる場合が多いことから、防災拠点の担当も配置し連携を取るようにします。

各家庭では、通電火災などの2次災害を起こさないようにすることや、簡易トイレを利用して排水は流さないようにするなど、被害の拡大を防ぐことが大切となります。

【復旧期の活動】電気、エレベーターが復旧すると移動が楽になることから、これを目安に住民や管理会社の状況を見て平常時の活動体制に移行します。

【多様な防災訓練の実施】**マニュアルを策定したマンションでは、マニュアルに従い行動できるかを検証する防災訓練を必ず行っています。**防火管理者がいるマンションは消防訓練が義務づけられていることから、消防訓練に合わせて、安否確認訓練等の防災訓練を行います。この場合、防災訓練参加者は、各階のエレベーターホールに集まり自己紹介した後（初めて会う住民も多い）、避難階段や防災設備、各住戸のガス・水道の元栓の位置や閉め方などを確認して、そのあと消防訓練参加者は、避難階段を使って1階の対策本部に安否確認訓練の参加状況を報告し、消火器やＡＥＤ（自動体外式除細動機）の使い方などの訓練を行います（消防訓練は所轄の消防署や消防団が協力してくれるところが多いです）。

引き続き行われる防災訓練では、安否確認と合わせて、家庭用備蓄品の紹介、訓練後の懇親会、備蓄食料の試食会などを通じて住民の交流を深めるなど、マンションの特徴を生かした多彩な取り組みが行われています。

【大地震への備え】備えには、家庭でできる備えとマンションの管理組合・自治会の備えがあります。基本的に、食料、水、トイレ等の備蓄品は各家庭で備え、担架、防災器材、防災対策共通で使うもの（ホワイトボード、筆記用具等）は管理組合・自治会で備えるようにします。

私たちが提案しているマニュアルは、「マンションは壊れない」ことを前提にしたものです。一方、旧耐震基準の建築物（1981年5月31日以前に工事に着手したもの）は耐震診断や耐震補強が必要であり、多くの自治体が費用を助成しています。仙台市の耐震補強を行ったマンションの話を聞きましたが、そのマンションは1階が柱しかないピロティ形式だったため耐震壁を補強したことで、今回の地震ではマンションの倒壊を免れたとのことでした。

◎地域の町会・自治会とマンションの協働の取り組み

町会・自治会とマンションの関係は、マンション単位で地域の町会・自治会に入会するケース、マンション住民個人が町会・自治会に入会するケース、マンションで独立した自治会を形成するケースなど多様です。いずれにしろ、大地震への防災対策を考えた場合は、マンションの住民自身が前述のような活動体制を作り、**町会・自治会とどのような形で連携し協力関係を作るか、検討することが大切です**。たとえば、大規模なマンションならば、会議室等の共有部分の一部を地元町会・自治会に提供することや、公開空地を活用して共同で炊き出しを行うことなどが考えられます。一方、小規模なマンションでは逆に、町会・自治会や地域施設の一部を一時的な避難所として借りる必要が出てくるかもしれません。地震に対する防災対策は、マンション住民、町会・自治会会員の命と財産に関わる共通の問題であり、誰もが賛同し参加することが可能であり、お互いのメリットを生かすことが大切でしょう（次ページ、図参照）。

町会・自治会のお祭りは、とてもよい交流となります。中央区でも町会の神輿の担ぎ手に賃貸マンションの子育て世代が参加し、これをきっかけに町会会員になり、青年部の活動に協力する例があります。また、お祭りの炊き出しは、災害時の訓練としても役立ちます。

◎福住町町内会の取り組みから学ぶこと

菅原さんの講演をお聞きしたとき、次のような質問をしたことがあります。「マニュアルなんか作っても、大地震のときはみな混乱して役に立たない、という意見があるかどうか」と。菅原さんの答えは「災害時に活動するためにマニュアルは必要だが、作っただけではダメで、マニュアルをもとに訓練することが大切。災害時にはマニュアルはどこか探す余裕などないが、日頃から訓練を行っていたから自然に体が動いてみんなで安否確認や救助を行った」とのこと。

私たちも、この言葉を肝に銘じて、マニュアルづくりは出発点であり訓練で身につけること、マニュアルに無理があれば訓練で試してできる内容に変えていけばよいことを、住民の皆さんに話しながら、取り組んでいるところです。

図　管理組合・町会の性格と「地震防災の取り組み」

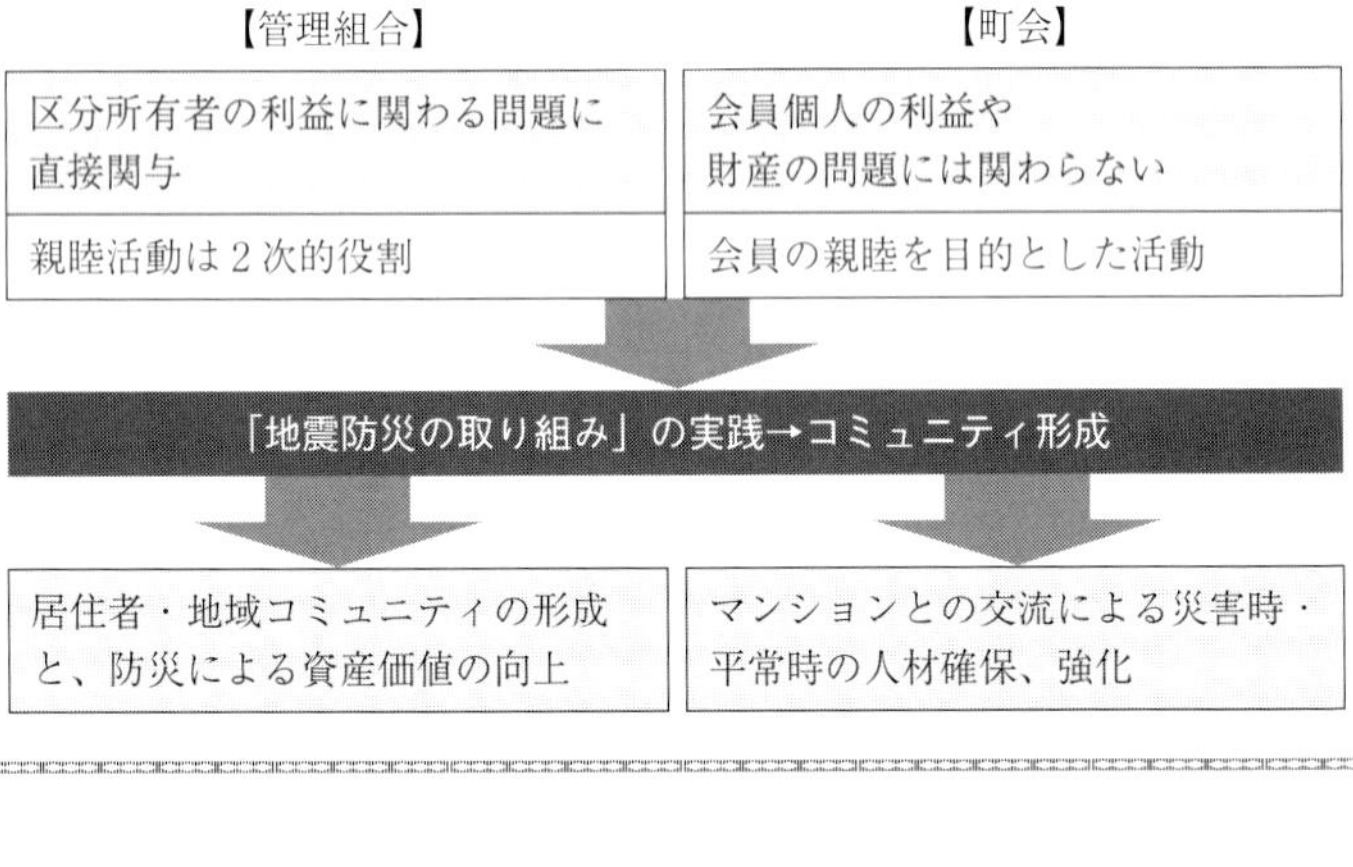
【管理組合】
【町会】
区分所有者の利益に関わる問題に直接関与
親睦活動は２次的役割
会員個人の利益や財産の問題には関わらない
会員の親睦を目的とした活動
「地震防災の取り組み」の実践→コミュニティ形成
居住者・地域コミュニティの形成と、防災による資産価値の向上
マンションとの交流による災害時・平常時の人材確保、強化

第 **4** 章

菅原康雄

町内会同士のネットワーク

震災ではたくさんの仲間が駆けつけてくれました

「災害時相互協力協定」を呼びかけ

この協定案の構想は、「できるだけ行政に頼らないで、自分たちの力で防災に取り組みたい」という視点から始まりました。お金も力もない小さな町内会ですが、住民同士の結束力と、「この町からは1人の犠牲者も出さない」という意気込みは、どこにも負けない自信があります。被害が甚大であれば、役所・消防署・警察・病院なども同時に被災します。ライフラインの断たれた空白の時間をどう乗り切るのか。これが大きな問題ですが、どこにでもある町内会や自治会となら手を組めると私（菅原）は考えました。「公助」を待つ「空白の3日間」をどう生きるかに生死の鍵があります。

福住町町内会では2003年に自主防災組織を立ち上げ、自主防災マニュアルを作りました。同年秋には第1回目の防火・防災訓練も執り行いました。すでに高齢者（要支援者）や重要支援者の把握、家具転倒防止対策も終え、自助・共助の精神も町内会のなかに定着しつつあった当時、足りないものがあるとしたら、それは町内会同士で助け合える「**他助**」のネットワークづくりでした。近県、隣町なら土地勘もあるし、なにより手弁当で往来できます。

たとえ遠方でも、日頃の交流があれば、お互い多少の無理なお願いもできます。

普段は祭りなどのイベントで訪問し合って交流を深め、**いざというときには頼りになる「姉妹町内会」をイメージしていました。**これが「災害時相互協力協定」案として具体化していきます。このアイデアは第2章で触れた「自主防災マニュアル」を作成した時点から持っていました（マニュアル37ページ参照）。

二　新潟県中越地震で「押しかけ支援」

災害時相互協力協定を構想した翌年、新潟県中越地方を震度7の揺れが襲いました。2004年10月に発生した新潟県中越地震です。死者68名、負傷者4805名、家屋の全半壊16000戸という大惨事でした。「困ったときはお互いさま」の精神（「他助」精神）を実感し、町内会同士の連携の可能性に意を強くしたのが、このとき経験させていただいた「**押しかけ支援**」です。

「何とか力になりたい」。ニュースで知っただけの、一面識もない新潟県小千谷市池ヶ原地区の3町内会とやっとの思いで連絡が取れ、食料品や毛布、防寒具などの救援物資を積んだ

2台の車（マイクロバスとワゴン車）で、町内会を代表して会長・副会長ら4人が新潟へ向かって出発しました。発災後10日目、11月2日の深夜12時でした。ともかくも逸速く駆けつけ、被災地の方々の手を煩わすことなく、必要とされているものを直接対面でお届けしたいと思いました。

救援物資は、たとえそれが送り手の善意であっても、被災者の負担になる場合がままあります。物資は豊富に届けられても、必要な人に、必要なときに、必要なものが行き渡らなければ緊急救援とはいえません。被災地の自治体にただ送るだけでは、仕分けに人手が取られるばかりか、時機を逃し不要になった物資はごみと化してしまいます。その処分にさらに労力とお金がかかることを考えれば、その愚は避けなければなりません。

池ヶ原の方々は今何を欲しているのか。最初に電話連絡が取れたとき、即、当時、池ヶ原学区協議会の代表であった丸山公重さんにお尋ねしました。「暖を取るストーブがほしい」とのことでした。福住町町内会の皆さんに呼びかけて集めた義捐金を使い新しいストーブを数台購入し、それに合わせて灯油も積み込みました。丸山さんはしきりに「とにかく寒い」と繰り返されました。そこで、使い捨てカイロもダンボール箱いっぱいにして車に積み込みました。

午前5時15分、北陸自動車道長岡ＩＣを降り一般道へ。途中、至るところが通行止めとなっていた小千谷市街地へ、迷いながら到着。ヘッドライトの明かりに照らされたその光景は凄まじいものでした。「山が動く」という言葉は知っていても、実際に動いたところは見たことはありませんでした。飴のように曲がった電信柱、道路に突き出たマンホール、潰れた2階家が道を塞いでいました。これが現実なのだ。これが仙台に起きたらと背筋がぞっとしたのを今でも覚えています（その後、実際に起きたわけですが）。足場を確かめながら、のろのろ運転の末、午前6時に目的地にようやくたどり着きました。

池ヶ原の3町内会が避難所としていたビニールハウスには余震に震える３００名（発災当初は他地区の住民を含めて６００名）の方々が避難されていました。指定避難所である小学校の体育館は使われませんでした。床が波打ち、ガラスが散乱していたからです。大型のビニールハウスが緊急の避難場所となりました。

幅7メートル、奥行き60メートルのハウスが4棟。トマトを栽培していましたが、すべて抜いたそうです。共同生活は2週間続きました。ハウスを提供した田中とき子さんは、「困っているときはお互いさま。他の人でも同じことをするよ」と言っていました。男性たちは地面に穴を掘り、壁を作って仮設のトイレを造りました。自衛隊の炊き出し救援があるまで

1　気をつけて

2　福住町出発

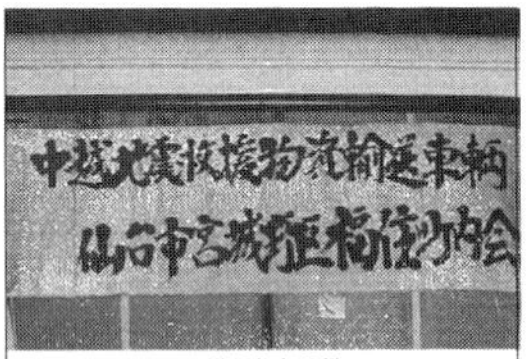
3　横断幕も準備

4　救援物資搬送メンバー

5　磐梯山ＳＡ

6　今どのあたりかな

7　救援物資の搬出

8　皆さんのお手伝いで完了

9　自衛隊の救援活動

新潟県中越地震、小千谷市池ヶ原地区救援活動／2004年11月２日。

の1週間は、女性たちが当番制で食事を作りました。住民のなかには看護師さんもいて、高齢者の方々を見守りました。代表の丸山さんは「地域の絆があればこそ、避難生活も何とかこうして乗り切ることができている」「避難がスムーズに運んだのは、常日頃から3町内の交流、親睦を大事にしてきたからです」としみじみ、私たちに話してくれました。そして、炊き出し、後片づけなどを自ら率先して行っていました。私たちにも旧知の友のように接してくださいました。想像どおりの温厚で重責を担うにふさわしい頼もしい方でした。少しはお役に立てたのかという思いと、まだまだ足りないという思いが混じるなか、私たちはその日の午前11時過ぎには早々に帰路に就きました。福住に着いたのは同日午後4時54分でした。

1ヶ月後の12月1日、救援物資を届けるために再訪問したときには、小動物とふれ合ってもらいたいと、ウサギやモルモットを連れていきました。また、レインボーカラーの綿菓子を作る機械も持参し、保育園の園児に作ってもらいました。子どもたちはもちろん、親御さんや先生たちにも大変喜んでいただけました。地震の恐怖に傷ついた子どもたちのこのときの笑顔は、一時であれ、池ヶ原の人たちの心に安らぎを与えてくれたと思います。

私たちの滞在時間はごく限られ、2回とも数時間にすぎませんでしたが、池ヶ原地区の皆さんは私たちに**大きな教訓**を与えてくれました。次の3つです。（1）**災害が起きて行政の「公助」が届くまでには最低3日はかかる**。その間は「自助」「共助」に頼るしかなく、「公助」はとても当てにならないということです。（2）**停電による暗闇と寒さで味わう恐怖は、底知れないものがある**。発災直後、池ヶ原地区の皆さんが切実に求めていたのは「灯りと火」でした。これは痛いほどよくわかりました。（3）**時計が壊れ、時間がわからなくなると、不安はより大きなものになる**。災害時はただでさえ先の見えない状態が続いているわけです

新潟中越地震・救援物資の報告とお礼

福住町内会

先日は、急な要望にも関わらず、主旨にご賛同を賜りありがとうございました。10月31日皆様からお預かり致しました心温まる品々は、福住有志4人・車2台で11月2日午前0時13分福住町内会集会所を出発、一路新潟に向い、朝6時無事、小千谷市より南へ6kmの池ケ原地区被災地に到着。救援物資を届けました。

受け取って下さった、小千谷市池ケ原地区3町内会代表の丸山公重さんから「とても勇気づけられました。本当にありがとうございました。仙台の皆様によろしくお伝へ下さい。」というメッセージと、現地の方々が大変喜んで下さいましたことをご報告申し上げます。

被害は想像を絶する状況でした。

皆様のご協力、本当にありがとうございました。

善意で集まった救援物資

救援物資搬送車両
搬送者　針生・小野寺
田中・菅原

トマト栽培用ビニールハウス
避難所で生活してる皆さん

池中新田町内会会長
丸山公重さん

救援物資の手渡し作業

避難している小・中学生に
ﾚｲﾝﾎﾞｳ綿菓子を!!

陥没している歩道
と隆起している
マンホール
ほぼ全域

一般道の補修
否、関越自道車
道の補修です
長岡～小千谷～

福住町町内会の人たちに配布した池ヶ原地区支援へのお礼状と報告チラシ。

から。

こうした状況に陥ったとき、被災された方々の切実な欲求に応えることができるのは、まさに「困ったときはお互いさま」の精神で結ばれた**「他助のネットワーク」**に違いない。姉妹町内会のような「手弁当で助けに来てくれる存在」がいるだけで、大きな支えとなるはずだ。「押しかけ支援」の経験はこうした確信を私たちに抱かせてくれることになりました。

その2年後、池ヶ原学区協議会の村山良太代表（当時）から『リメンバー10・23　私たちは忘れない』と題された159ページに及ぶ、りっぱな小千谷市震災記録写真集が、代表自筆の丁重な礼状とともに届きました。お手紙には「皆様にあまりにもおせわになりすぎまして、どのようにお返ししたらよいのか」と、こちらが恐縮してしまうほどの謝辞が記されていました。そして、順調に復興する町の様子とともにこう書かれていました。

「〔…〕おかげ様で道路、農地、住宅、公会堂など大部分が震災前の姿にもどりつつあります。完全の姿になるのはまだまだ先のようです。今日までこられたのは皆様方のあたたかいご支援のおかげであることを池ヶ原学区一同忘れることはないでしょう。そしてこの震災で強く心を打ったの

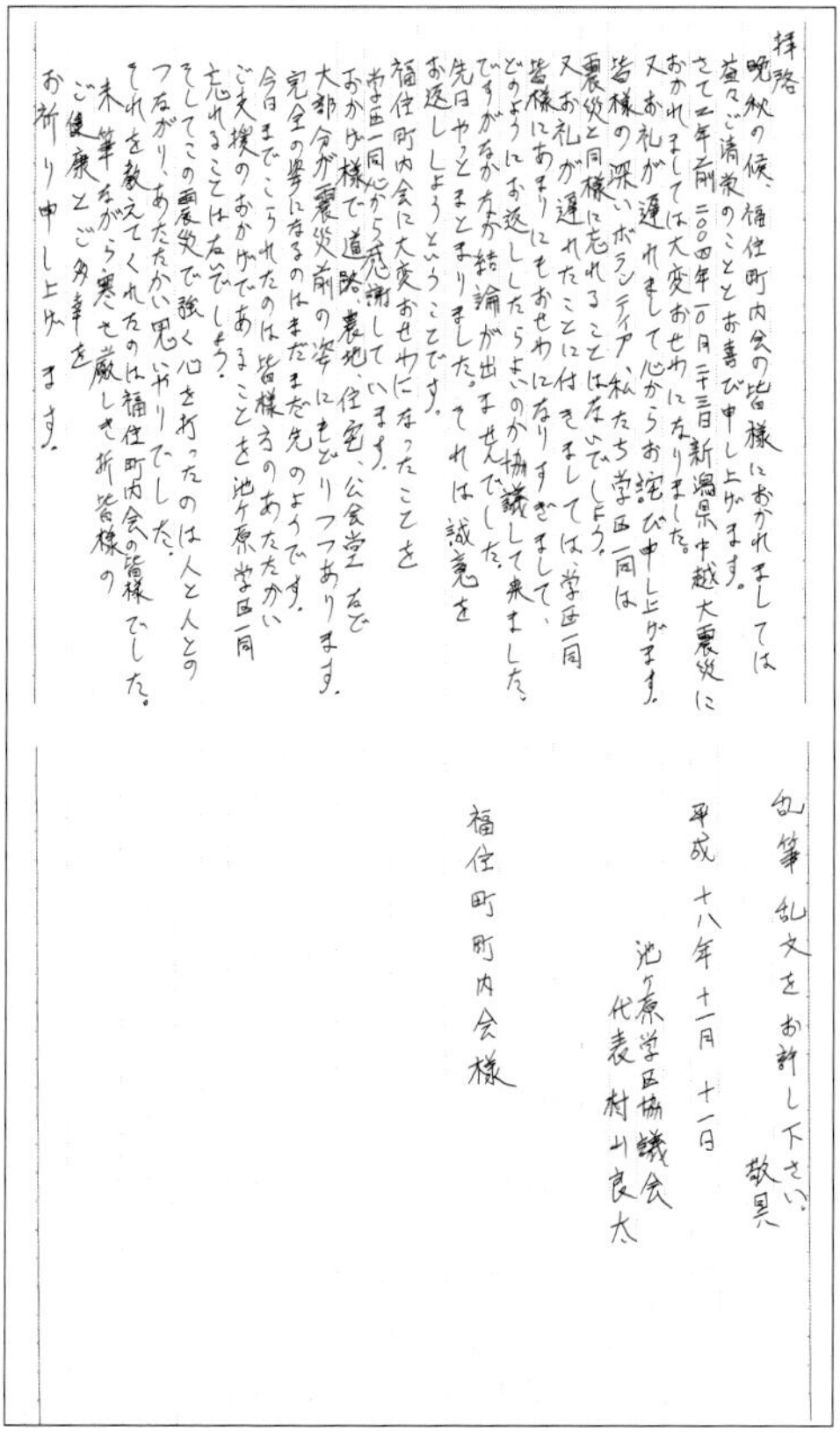
拝啓
晩秋の候、福住町内会の皆様におかれましては
益々ご清栄のこととお喜び申し上げます。
さて二年前二〇〇四年十月二十三日新潟県中越大震災に
おかれましては大変おせわになりました。
又お礼が遅れまして心からお詫び申し上げます。
皆様の深いボランティア、私たち学区一同は
震災と同様に忘れることはないでしょう。
又お礼が遅れたことに付きましては学区一同
皆様にあまりにもおせわになりすぎまして、
どのようにお返ししたらよいのか協議して来ました。
ですがなかなか結論が出ませんでした。
先日やっとまとまりました。それは誠意を
お返ししようということです。
福住町内会に大変おせわになったことを
学区一同心から感謝しています。
おかげ様で道路、農地、住宅、公会堂など
大部分が震災前の姿にもどりつつあります。
完全の姿になるのはまだまだ先のようです。
今日までこられたのは皆様方のあたたかい
ご支援のおかげであることを池ヶ原学区一同
忘れることはないでしょう。
そしてこの震災で強く心を打ったのは人と人との
つながり、あたたかい思いやりでした。
それを教えてくれたのは福住町内会の皆様でした。
末筆ながら寒さ厳しき折皆様の
ご健康とご多幸を
お祈り申し上げます。

乱筆乱文をお許し下さい。
敬具
平成十八年十一月　十一日
池ヶ原学区協議会
代表　村山良太
福住町町内会様

村山良太代表（当時）からのお礼状。

は人と人とのつながり、あたたかい思いやりでした。それを教えてくれたのは福住町内会の皆様でした〔…〕」。

「支援」とはいったい、何なのでしょうか。助けるつもりが、実は、私たちが勇気をいただき助けられていました。自助、共助、公助、他助すべてが連鎖していたのです。助けたいという気持ちがあれば、相手に伝わります。形はどうあれ、まずは自分から発信する大切さを池ヶ原地区の3町内会の皆さんから学ぶことができました。先にも書きましたように、近隣の町内会同士なら手弁当で何度でも互いに行ったり来たりすることができます。人手も、必要な物資も、すぐに応じることができます。支援する側と受ける側の顔が見えるというのは、何と心強いことかと思います。「災害時相互協力協定」を町内会同士で結ぶ「姉妹町内会」という発想は、被災地、小千谷市池ヶ原の土を踏み、空気を吸い、そこに暮らす皆さんと直接お話しをすることで、確かなものとなりました。同地区の皆さんは東日本大震災の際、発災からわずか4日後に、救援物資を積んで逸速く私たちの町に応援に駆けつけてくれました。「お互いさま」のありがたさが今でも胸に沁みます。

２００７年7月に起きた新潟県中越沖地震では同県柏崎市内の保育園等を5ヶ所訪問しました。このときも、メンタルヘルスケアの一環として、私の動物病院で飼育しているイヌ、ネコ、ウサギ、モルモットを連れて〝動物ふれあい活動〟を行いました。綿菓子、ポップコーンの機械も持ち込んで、子どもたちに楽しんでもらいました。同市荒浜町町内会にも2度にわたって訪問し、支援物資をお届けしました。

また、２００８年6月に起きた岩手・宮城内陸地震では、他の2町内会・1団体とともに宮城県栗原市へお見舞いに出かけました。同市役所花山総合支所に併設された石楠花《しゃくなげ》センターと同市栗駒町・みちのく伝創館の2つの避難所を訪ね、小動物たちとふれ合ってもらいました。翌月の7月、小千谷市池ヶ原地区協議会（被災した小学校が廃校になり、「学区」から「地区」に改称されました）の村山広栄代表（当時）から、地震被害を見舞うお手紙と、地域の方々から集めていただいたお見舞い金を頂戴しました。さすがに私たちの町内でも発災直後は緊張が走り、「マニュアル」と「訓練」に基づく活動に集中しましたが、幸い、私たちの地区は震度5強の割りには被害もなく済みましたので、そのままお見舞い金を頂戴するには心苦しく思いました。そこで、ご厚情へのお礼と恐縮の気持ちを伝えたうえで、そのお心と義捐金を最も被害の大きかった宮城県栗原市に届けることに快諾をいただきました。栗原の皆さんとはこのときの交流がきっかけで、同年8月には私たちの〝福住夏まつり〟にたくさんの子どもたちをご招待しています。

三　初めての協力協定、締結

２００６年5月1日、町内会同士の結びつきを強めたいという私たちの思いが**災害時相互協力協定**として初めて結実しました。記念すべき提携第1号は仙台市青葉区・花壇大手町町内会（約６３０世帯）です。市内中心部に近い広瀬川のほとりにあり、概ね地盤は強いが、過去に水害に見舞われたという点で福住町と似た環境の町です。花壇大手町町内会では２００４年11月に防災強化を開始し、今回の協定締結の前日に自主防災組織を立ち上げました。

締結書（「災害時の支援提携締結書」）の第1項には、「『自分たちの町は自分たちで守る』、『互いに助け合う』という理念に基づき、1人でも多くの生命の救済と、財産を守るために双方が結束し、互いの住民が力を合わせ、安心して住める地域づくりを目指すものである」と記しました（マニュアル39ページ、本書36ページ）。自主防災マニュアルのなかの「姉妹町内会」募集ページ（同37ページ）では、被災3日間の助け合いを強調し、一般の災害ボランティアと区別する識別名札の必要性を明記しました。この日を待ち望んでいた福住町町内会の人々、役員さんたちの取り組みは、締結当日の河北新報夕刊に「気軽に助け合いを」という大見出して紹介されました。

２００７年２月14日には、県境を越えて、茨城県日立市金沢町の「塙山《はなやま》学区住みよいまちをつくる会」（約２５００世帯、７５００人）と締結しました。同会の役員さんたちが私たちの自主防災活動を視察に来られたのがきっかけです。翌２００８年７月23日には、第２章でご紹介した旧知の市民グループ、仙台リバーズネット・梅田川と協定を結びました。これらを機に、提携する町内会、グループが徐々に増えていきました。

震災の年、２０１１年10月１日にはＮＰＯ法人飯田ボランティア協会（長野県飯田市）と締結しました。同協会とは２００６年８月27日に開催された「第２回防災フェア２００６ｉｎなごや　全国防災まちづくりフォーラム」（内閣府・名古屋市主催）の集会で共に自主防災の発表を行ったのがご縁となりました。東日本大震災では逸速く福住町に駆けつけてくれた団体の１つです。締結した翌月、木彫りのモニュメントを寄贈したいという有り難いお話をいただきました。長野県在住のチェーンソーアート作家、宮下秀志さんが、津波で流された仙台市若林区荒浜地区の黒松を使用して、現地福住町で作品化してくださるというのです。２０１１年11月13日、かわいいクマとフクロウのモニュメントが完成しました。そして２０１３年６月、作品は福住町公園の藤棚下から公園入口に移設され、宮下さんや同協会の

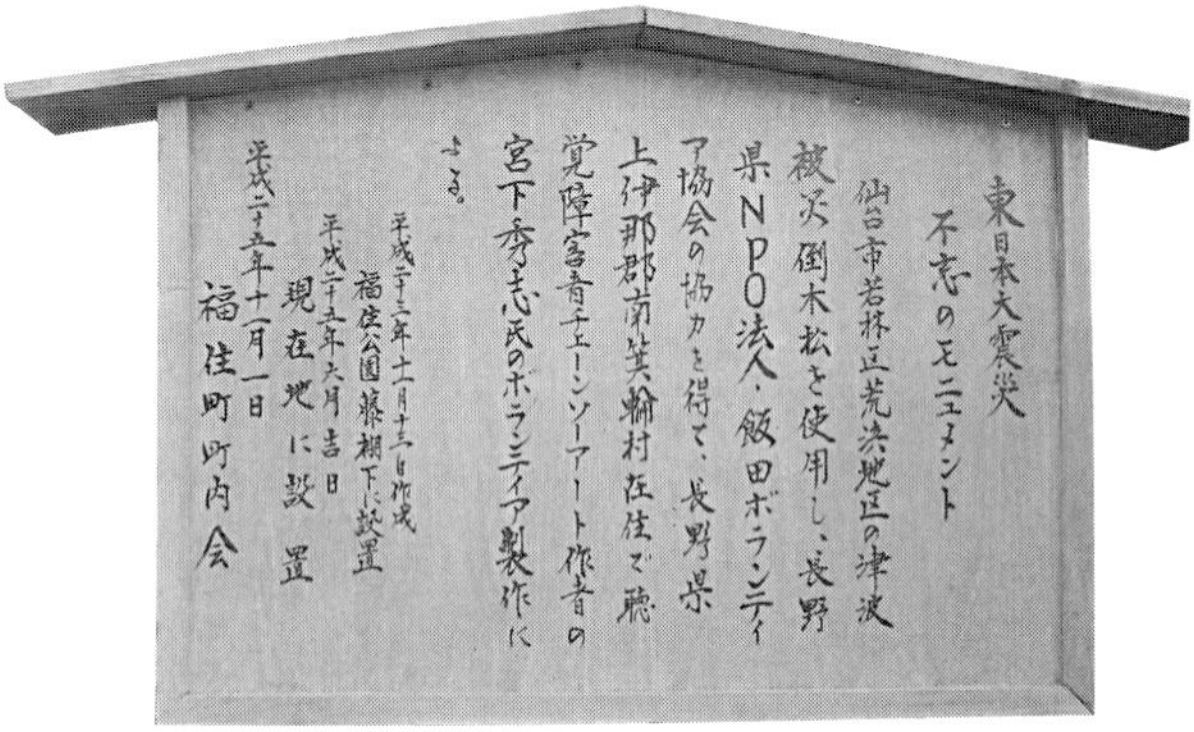
東日本大震災
不忘のモニュメント
仙台市若林区荒浜地区の津波
被災倒木松を使用し、長野
県NPO法人・飯田ボランティ
ア協会の協力を得て、長野県
上伊那郡南箕輪村在住で聴
覚障害者チェーンソーアート作者の
宮下秀志氏のボランティア製作に
よる。
平成二十三年十一月十三日作成
福住公園藤棚下に設置
平成二十五年六月吉日
現在地に設置
平成二十五年十一月一日
福住町町内会

除幕式に立つ宮下秀志さん／2013年11月10日、第11回福住防火・防災訓練にて。

皆さんが再訪してくれたその年の福住防火・防災訓練の日に、あらためて除幕式を執り行いました。**「東日本大震災　不忘のモニュメント」**として、今では福住町のシンボルとなっています。

太平洋から昇る朝日に照らされた「不忘のモニュメント」。

四　雪掘りボランティア

山形県尾花沢市の鶴子地区連合区会（約150世帯）との締結は、2009年に発足された隣県交流グループ「みやぎ尾花沢会」に入会させていただいたのがきっかけです。その後、防災の話を直接聞きたいと鶴子地区の役員さんが来仙され、福住からも豪雪地帯の同地区に〝雪掘り体験〟で訪れたご縁から交流が深まりました。締結したのは2010年8月29日です。その鶴子地区から、翌2011年の1月（震災の1ヶ月半前です）、例年にない大雪に苦しんでいるという一報が入りました。尾花沢市では豪雪対策本部が5年ぶりに設置されたとのこと。もちろん、直ちに行動開始です。

1月22日、午前9時20分。福住町内から6名、協定を結ぶ市内の団体からは1名、計7名で〝雪かき隊〟を結成し福住を出発しました。仙台―山形を結ぶ国道48号線を使って県境の関山峠を越え、山形県東根市から国道13号線を北上、村山市までの積雪量はそれほどでもありませんでした。これは楽勝かと皆で安堵したのも束の間、尾花沢市に入った途端に世界が一変しました。四方が真っ白い壁に囲まれてしまったかのように、まるで何も見えなくなりました。仙台では見たこともない高さの雪の壁、その壁と壁の間に、家々の屋根がようやく見え隠れしています。目的地の「森のホテル御所山」をめざして約1時間、地吹雪にさらされながら、狭くなった道路を赤白のポールと電柱を頼りにゆっくりと進み、やっとの思いで到着しました。時計を見るとすでに12時40分、普段なら2時間ちょっともあればたどり着ける場所です。

　鶴子地区代表区長（当時）の西塚一太郎さんと尾花沢市役所企画課長（当時）の渡辺修さんから歓迎のご挨拶をいただき、さっそく雪かきのテクニックや除雪道具の使い方、安全確保の手だてなど「雪かき道越後流指南書10箇条」を学びました。午後3時頃から屋外

“雪かき隊”、鶴子地区へ！

鶴子地区の人たちと記念写真。

実習を開始。カンジキを履くのも生まれて初めてなら、スコップ、スノーダンプの使い方もすぐには板に付きません。

翌23日の朝9時50分、支援拠点に到着。2班に分かれて1人暮らしの高齢者のお宅に向かいました。対象は15世帯ほどですが、私たちの担当は2世帯です。スコップで雪を分け、スノーダンプで流雪溝まで運ぶ。実質的な労働時間は1時間30分ほどでしたが、全員60歳以上のメンバーの体ではこれが限界でした。恥ずかしながら、これ以上はどうにも足や腰を動かすことができなくなってしまいました。とても支援と呼べるしろものではありませんでしたが、それでも「雪かきマイスター養成講座」初級終了証書をいただいただけで、なにか愉快な気持ちになりました。

1日では決して終わるはずもない厳しい雪との闘い。その一面をほんの一瞬、垣間見た思いがしました。雪の重みに潰されまいと必死に家を守る方々の苦労。行って、体験してみて初めて骨身に沁みました。テレビの雪下ろしのニュースを温かいこたつに入って見ているだ

福住町に遊びに来てくれた鶴子小学校の5・6年生と保護者の皆さん。梅田川の堤防下にある菅原動物病院にて（左端が筆者）／2011年6月21日。

けでは、知りようもなかった世界です。

私たちの災害時相互協力協定は、いつ来るとも知れない地震や津波、洪水、火事に備えたものですが、豪雪地域の方々は毎年、冬になれば深刻な雪害に襲われます。自分たちのできる範囲でささやかながらもお手伝いができればと、思いを新たにした2日間でした。次回はもっと若い人に呼びかけて大勢で出かけたい、福住の〝夏まつり〟には鶴子の方々もたくさんお招きしたいと思ったものです。翌2012年3月3日〜4日の連休に再び雪掘りボランティアで訪れましたが、まだ50センチも積もっていました。第1章でも触れましたが、この間に起きた東日本大震災では、発災4日後、1番で駆けつけてくれたのが、この鶴子地区の皆さんです。

五　広がる地域連携

震災以降も、全国各地の50に上る町内会の皆さんと、こちらから出かけたり迎えたりといった交流を続けてきました。週に1度のハイペースですが、にぎやかに楽しんでいます。私たちもそうですが、他の町内会でも役員さんたちがどうしても高齢化して、とくに子どもたち向けの活動には、なかなか手が回らないといった悩みを抱えてます。そこで、少しは手慣れた私たちがお役に立てればと、自前の機材を持参して綿菓子やミニ動物園などを出店させていただいています。２０１３年4月８日には静岡県藤枝市藤岡自治会と協定を結び、つい先日も藤岡のお祭りに行ってきました。２０１４年9月28日に提携した宮城県宮城郡利府町の青山町内会とは、近隣のよしみでお茶飲み友達のようなお付き合いをさせていただいています。

２０１５年1月現在、８団体（町内会・自治会５・市民グループ２・民間企業１）と締結し、今後も新たな団体と協定を結ぶ準備を進めています（表２参照）。とくに東日本大震災以後、２０１２年11月11日に締結した仙台プロパン㈱（宮城県多賀城市）とは、災害時、すぐに炊

表２ 福住町町内会と災害時相互協力協定を結んだ相手

（2015年1月現在）

相手先	所在地	締結年月日
花壇大手町町内会	仙台市青葉区大手町	2006.5.1
塙山学区住みよい町をつくる会	茨城県日立市金沢町	2007.2.14
仙台リバーズネット・梅田川	仙台市青葉区菊田町	2008.7.23
鶴子地区連合区会	山形県尾花沢市鶴子	2010.8.29
NPO法人 飯田ボランティア協会	長野県飯田市松尾代田	2011.10.1
仙台プロパン株式会社	宮城県多賀城市栄	2012.11.11
藤岡自治会	静岡県藤枝市藤岡	2013.4.8
青山町内会	宮城県宮城郡利府町	2014.9.28

き出しができるようプロパンボンベを速やかに提供していただく約束を取り交わしました。

「隗《かい》より始めよ」という言葉が私は大好きです。できることから取りかかるべし。自ら発信すべし。待っていては何も始まりません。交流があれば、そこに人の輪が生まれます。そこから学ぶことが必ずあります。少子高齢化の世の中ならば、元気な高齢者がどこへでも出かけていって、祭りに、行事に参加できるような風景にしていきたいものです。その土地土地ならではの悩みに耳を傾け、互いに知恵を出し合い、特産物の即売会に一役買うというのも楽しいものです。**最終的には人と人とのご縁なのです**。異なる地域で生まれ育った者同士が、お互いのことを語り合う楽しさ、わかり合える嬉しさは格別のものがあります。

福住の自主防災マニュアルを是非送ってほしいとい

東日本大震災。ご縁のある方々が次々とやって来てくれた。写真は県内有数の豪雪地帯、七ヶ宿町役場からダイコンを受け取る筆者（右）／2011年４月20日（本書46ページ参照）。

う依頼を全国から続々と受けています。マニュアルをお送りするときには必ず、「災害時相互協力協定」への参加の呼びかけを行っています。講演会などに呼ばれたときも、協定の意義を大いに宣伝しています。けれども、「こちらはまだまだ準備不足で…」と丁重に断られてしまうのも常です。協定を結んだからといって、大それたことをやろうとしているわけではありません。締結書で具体的に掲げているのは、「災害発生時にはボランティアで、できる限りの協力と支援を行う」という1項目だけです。「できる限り」とは「可能な範囲で無理なく」といった程度の意味ですので、最近、この文言の含意どおりに、「できる範囲の」と改めました。拘束力を持つ一般的な協定とはまったく異なり、きわめてゆるやかなものです。互いに行ったり来たりし合って、気がねなく交流できるようになれば、そこからきっと新しい町づくりのヒントが生まれてくると思うのです。

寄稿3 水平に広がるネットワーク

「共助」概念を一新する福住の実践

生江　明
（社会開発国際調査研究センター代表）

厚生労働省（厚労省）の資料には、「自助・互助・共助・公助」という言葉が出てきます。同省が組織した地域包括ケア研究会の『平成20年度報告書』（2008年）では、自助を「自ら働いて、又は自らの年金収入等により、自らの生活を支え、自らの健康は自ら維持」すること、互助は「インフォーマルな相互扶助。例えば、近隣の助け合いやボランティア等」とし、共助を「社会保険のような制度化された相互扶助」と位置づけて、公助は「自助・互助・共助では対応できない困窮等の状況に対し、所得や生活水準・家庭状況等の受給条件を定めた上で必要な生活保障を行う社会福祉等」と定義しています。これら4つの「助」は社会福祉領域で使われている言葉です。

他方、防災関係の資料を見ていると、必ず出てくるのが災害時の「自助・共助・公助」です。国土交通省や内閣府などのwebのページにも出てくるこの言葉は、自助を「自分の身は自分や家族で守り、助け合うこと」、共助を「地域の近隣住民同士での助け合い」（大都市など、地域内に多くの企業や工場があるところでは、企業や事業所が共助の重要な担い手として挙げられています）、公助を「行政・警察・消防署・自衛隊や公共事業体による救援・支援」と定義しています。防災領域で使われるこれらの言葉をここでは3つの「助」と呼んでおきます。

両者の定義の違いは、平常時と災害時の違いとすることもできるでしょう。しかし、東日本大震災の教訓を踏まえれば、今後予測される巨大地震への備えという現実的な視点に立ったとき、福祉領域の「助」は、平常時を想定しただけでは明らかに不十分であることがわかります。同様に、防災領域の「助」が、災害時において決して定義どおりにはいかないこともわかってきます。次の災害に備えるために、私たちはまず、これらの「助」の実像を知っておく必要がありそうです。

◎災害時を想定しない社会福祉領域の4つの「助」

福会福祉領域の4つの「助」から見ていきましょう。

図1は厚労省による右の定義を概念化したものです。まずは「自助」があり、それがダメなら「互助」によって支え合い、それでもダメなときは出資者同士で支え合う「共助」制度でこれをカバーし、最後に全員を対象とする「公助」制度が支える、という考え方です。図の右端の「自助」は「互助関係を持たない自助」、その下の「互助」は「共助関係を持たない互助」です。後者は共助という制度にお金を払わず／払えず、参加していない／できない互助、たとえば国民健

康保険に未加入の人が医療サービスを受けられないケースなどです。

　激甚災害への対応をこの図の上で考えてみましょう。激甚災害のときには、「自助」も「互助」も極めて困難となるか、辛うじて「互助」で支え合う余地だけが残るか、という事態が大いにあり得ます。その場合は「共助」が支えるのでしょうか。答えは否です。東日本大震災や阪神淡路大震災のときがそうであったように、発災直後においては、社会保険や生命保険・火災保険などの「共助」を利用したくてもシステムそのものが不全を起こしてしまいます。まして、保険未加入者には始めから助けとはなりません。また、生活保障などの「公助」は、制度的にはこの日本社会に暮らす限りすべての国民がサポートを受けられるものですが、やはり発災直後の巨大な被災下にあっては、膨大な個別対応に無理が生じるのはいうまでもありません。

　厚労省がいう４つの「助」のモデルのうち、「共助」

図１　厚労省の定義に見る４つの「助」の概念図

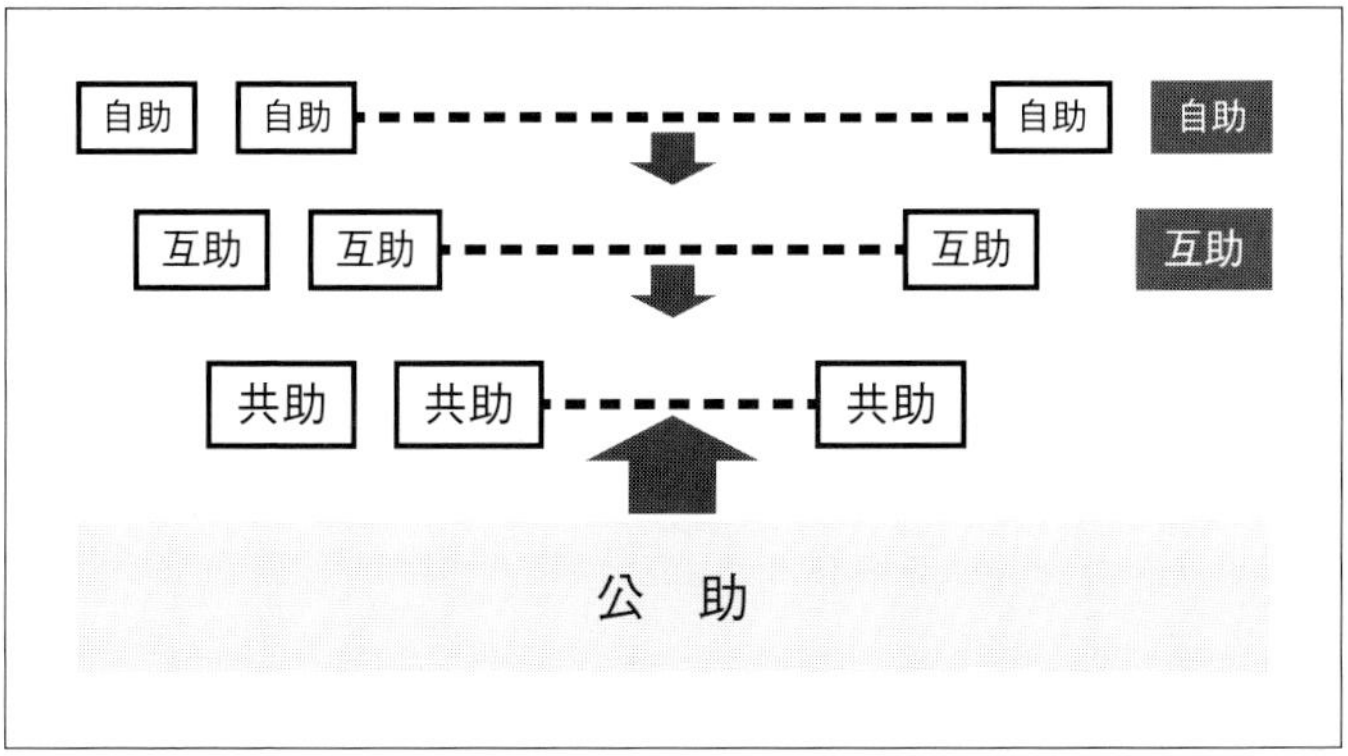

「公助」は制度を指します。制度は現場に駆けつけるわけではありません。結局、このモデルでは、大規模災害への対応は「自助」と「互助」によって、つまり「自分たちでやってください」ということになります。

東日本大震災のときを思い出してみましょう。このとき高齢者施設や福祉施設などが直面した困難は、社会保険や介護保険の制度を支える中間制度・組織が寸断され、機能しなくなったことでした。そのなかで現場の人々は可能な限り動いて、この過酷な事態を乗り切ろうとしたのです。「自助」レベルと「互助」レベルそのものが極端に低下し、「共助」が機能不全を起こし、「公助」はすぐには被災地にやって来なかった。被災地域が陥ったこの事態を私たちはあらためて深刻に受け止める必要があります。

激甚災害を想起した上で、この社会福祉領域における「公助」を別の角度から見てみます。「地域包括ケア」という「公助」制度の中核を担っているのは「地域包括支援センター」ですが、その多くは各自治体の社会福祉協議会によって運営されています。その社会福祉協議会は、災害時に開設される「ボランティア・センター」の運営主体でもあります。東日本大震災では、自分たち自身も被災するなか、同協議会の職員たちはわずかな人数でこれらの対応に迫られました。しかし、そうした状況下でこれらの機能を維持することはそもそも可能なのでしょうか？　答えは明らかです。ところが、東日本大震災ではあくまでこの体制が取られました。きわめて深刻な誤謬だったといえます。ここで問われねばならないのは、社会福祉領域における「助」のデザインが平常時だけを想定し、災害時を捉えずに作られてきたことです。先に挙げた、厚労省の地域包括ケア研究会の報告書は、震災後もこの問題を正面から取り上げることはしていません。

「現場」の人たちの問題意識は、すでに「公助」の問い直しへと向かっています。たとえば、介護支援に携わるケアマネジャーさんたちの集まり(社)日本介護支援専門員協会)では、震災の教訓を踏まえ、災害時対応に焦点を当てたさまざまな実践的取り組みが行われはじめています。

◎リアリティを欠いた防災領域の3つの「助」

では、災害時を想定した防災領域の3つの「助」(自助・共助・公助)はどうでしょう。ここでは地方自治体の防災マニュアル、ガイドラインを紹介します。次ページの囲み記事は東京都渋谷区の防災ホームページの抄録です。多くの事例のごく平均的な一例として見てみましょう。

ここに記述された「自助」や「共助」もまた、激甚災害の経験を踏まえるならばリアリティに乏しいものに見えます。たとえば、阪神淡路大震災では、多くの家屋の倒壊と火災によって、各所で水道管が断裂し、消火栓が不能となりました。点滴を打ちながら必死になって消火活動を続けた消防隊員の皆さんの事例や、消防団や近所の人たちがバケツリレーで延焼を食い止めたという事例が見られた一方で、炎に追われ、なすすべもなく着の身着のままで焼け出された人たちも大勢いたのであり、小さな消火器ではとても立ち向かえない状況下にありました。住民たちにとっては消火より、とにかく巨大な炎の塊から安全に逃れることが最優先されねばならない事態だ

自助：「自らの安全は、自ら守る」ことが、防災の基本です。1）自宅を安全な空間にすること、2）自分の目の前の火災を最も早く消すのは自分です、3）家族の出血を止めるのは自分です、こうした、**自分の手で自分・家族・財産を助ける、備えと行動を、自助と呼びます。**

共助：「わがまちは、わが手で守る」。これが、地域を守る、最も効果的な方法です。そして地域を守ることは自分を守ることです。1）隣の家の火災を消せば自宅への類焼を防ぎ、自分の家を守る唯一の方法、2）自分が生き埋めになった時に助けてくれるのは、警察や消防、自衛隊ではなく、近隣のみなさんしかありません、3）救出・消火活動は早く始めるほど、多くの人が参加するほど被害は小さく抑えられます、4）災害時の円滑な協力は、日頃の住民間の交流が大きな力です。こうした、**近隣の皆さんと協力して、地域を守る、備えと行動を、共助と呼びます。**

公助：区を始め、警察・消防・都・国といった行政機関、ライフラインを各社を始めとする公共企業、**こうした機関の応急対策活動を公助と呼びます。**区はもちろん、各機関とも、**災害の発生からできるだけ早く、すべての能力を応急対策活動にあてられるよう、備えています。**

（渋谷区防災 HP.：https://www.city.shibuya.tokyo.jp/anzen/bosai/kiso/jikyokou.html　2015年2月9日閲覧／太字は引用者のもの）

ったといえるでしょう。

しかし、上掲の「自助」「共助」のモデルでは、そうした事態は想定されていません。住民中心の消火活動が燃え盛る火災には無力であったことを、行政はどう経験値として学んできたのか、上掲のガイドラインからは見えてきません。このガイドラインが語っているのは、あくまで地域の人たち自身で火を消しましょうということであり、「公助」はすぐには駆けつけることはできないが、「公助」は「すべての能力を応急対策活動にあてられるよう、備えています」ということだけです。そういわれて、私たち住民は圧倒的な建築物の倒壊と大火災の前で「公助」を待ちながら、ひたすら「自助」と「共助」で火消しを続けねばならないのでしょうか。ガイドラインを読めば読むほど、「公助」の具体的イメージが〝住民への丸投げ〟を前提にして作られているという懸念が深まります。

神戸市消防局の皆さんが震災後、異口同音に語っているのは、「とにかく水が欲しかった」ということでした。災害が起きる前に「公助」が準備すべきことはいくらでもあるのです。災害時に活用できる社会資源をあらかじめ整備しておくことこそ、本来の「公」の役割だと思います。

◎福住が体現する「もう1つの共助」＝「他助」

ここで福住町町内会の10年を超える試行錯誤を読み返すと、大事なことに気がつきます。それは、同町内会では平常時であれ災害時であれ、「公助」が抱え持つこうした問題を視野に入れながら、それでも防災における「自助」「共助」を可能な限り追求し、**その実践を通して、「助」のモデルの限界や「自分たちの限界」を明らかにしてきたことです**（次ページ、図2・3参照）。

そして、その限界の越え方に福住の特徴があります。それは、市や県や国という垂直組織に援助を求めるのではなく、水平方向にネットワークを広げ、「ヘルプ！」「大丈夫かい！」と声を出したことです。町内にあっては安否確認をはじめとするできうる限りの工夫が、また町外にあっては「災害時相互協力協定」への地道な呼びかけが、「もう1つの共助」の形を具現化していくことになりました。これが「**他助**」です。

「他助」は、援助を求める人にじっと順番を待たせるようなことも、配給品の到着をただ黙って待たせるようなこともしません。「**困ったときはお互いさま**」の精神で自ら動き、「共助」を生きたものにするのが「他助」です。福住町町内会は、「わが町からは1人の犠牲者も出さない」ために、つまり、**究極の減災**のために、この「他助」の精神を大事にしてきました。

福住町町内会は長年にわたり、防災・減災活動を積極的に進めてきました。だからといって固定的な「防災専門職」を置いているわけではありません。同町内会の防災・減災活動の基本原則はあくまで全員参加です。専門の係を付けても、その人が町内全員の命を守れるわけではありません。だから、窓口の椅子に座り続けるような「専門職」は置きません。

「他助」は顔の見える1人1人の「命を守る」ためになされるものです。**1000人の避難者がいて、届いた食料が500人分なら、福住ではそれを1000人で分かち合うことをすぐさま行うでしょう。これが「他助」の核心です**。余ったからあげるのではなく、持てるもの、なけなしのものを分かち合うこと。「他助」に基づくこ

図2　自助・共助・公助の一般概念

「共助」を地域内部での助け合いと見る考え方

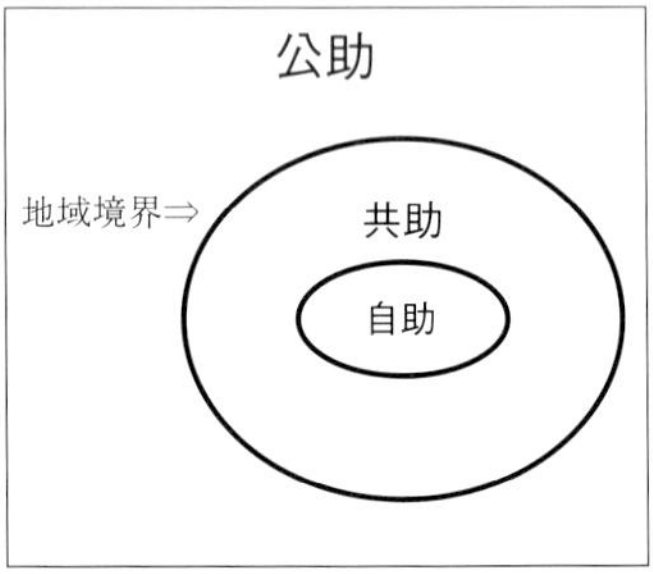

図3　福住町町内会が体現する自助・共助・公助

「共助」を地域外も含めた助け合いと捉える考え方

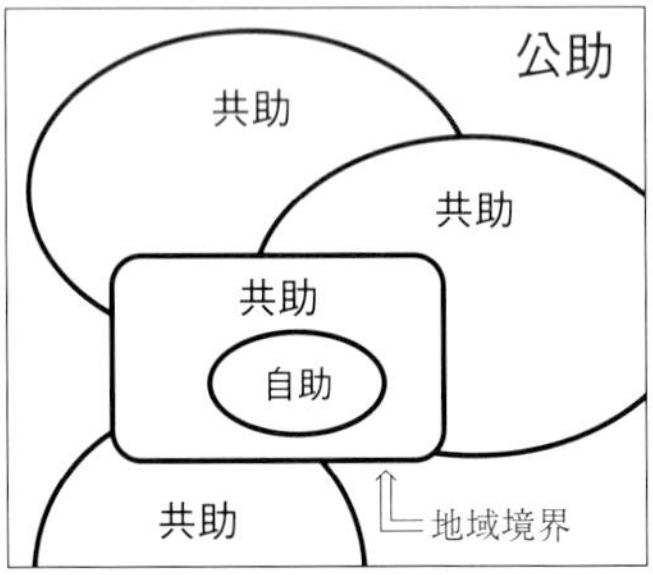

うした**水平方向のネットワーク**が、福住町町内会の防災理念を支えています。

　このネットワークは、福住の内部にとどまるものではありません。水平方向は町内会の境界線を越え、市域あるいは県域を越えて広がっていきます。それはこれまでゆかりの無かったところにまで及びます。福住のこのフットワークのよさはどこから来るのでしょうか。町内を襲った過去の水害や地震による教訓が、他者の窮状への想像力をより深めていったことは明らかです。しかも、その取り組みは、他の地域にも伝播していきました。このネットワークの特徴は、広げるだけでなく、広がっていくことです。

　日常的ネットワーク（ソーシャル・キャピタル＝社会資本）の組み換え、利活用によって〝互いに支え合う基盤〟を見出していくこと、そこに地域形成の新たなあり方がある——そう指摘する金子郁容は、これを「コミュニティ・ソリューション」（『コミュニティ・ソリューション——ボランタリーな解決に向けて』岩波書店、２００２年）と名づけました。ソリューションとは「問題解決」の意です。アメリカ・インディアナ大学の政治学者ヴィンセント・オストロムが「弱さゆえの協働」という概念（Vincent Ostrom,et al.eds.,*Comparing Urban Service Delivery Systems*,Sage Publications,1977）を社会解明のキーワードとしたように、金子は、人の「弱さ」は他の人々と共同で何かを行う契機を作り出すといい、多様な人々の参加を水平方向でコーディネートする「編集者」（命令者ではなく）がいることが、人の「弱さ」を社会の「強さ」へと変える鍵であると指摘しています。弱さイコール無力ではないというこの視点がコミュニティ・ソリューションの特徴ですが、これは、**水平方向のネットワーク＝「共助」＝「他助」**を新たな社会形成の核にしていく鍵でもあります。それぞれが自らの資源・能力の限界を自覚すること。この自覚こそが、互いを必要とし合うネットワーク、いわば「つながりゆくポイント」の発生と展開を生み出していくのです。それはレベッカ・ソルニットが『災害ユートピア』（高月園子訳、亜紀書房、２０１０年）で紹介した世界各地の被災地や、まさに福住町町内会が身を以って示してきたものの姿です。

◎「他助」が指し示す「公助」のありうべき姿

では、この「もう1つの共助」＝「他助」を前提としたとき、ありうべき「公助」とはどのようなものとして浮かび上がってくるでしょうか。

東日本大震災に際して福住町町内会が経験したことから学んでみます。「消火より安全を」という角度からいえば、行政による「公助」の典型例は「避難所」です。福住町町内会では、防災訓練のたびに、公的避難所である小学校は「本当に大変な人」のために取っておくよう周知していました。理由は、小学校の収容力が小さいことでした。そもそも、避難者全体を受け止め切れるだけの容量を持つ公的避難所はそう多くないのが実情です。災害時に備え、行政は小・中学校などの公共施設を一般に指定避難所としていますが、過去の大災害においては、こうした施設が機能し得なくなったケースもあります。新潟県中越地震の際には、小学校自体が被災して、地元の農家が提供するトマト栽培用のビニールハウスが緊急避難所となりました（本書１４９ページ参照)。避難所の問題は、広さだけではありません。断水、停電となれば灯りや暖房は使えなくなります。屋上のタンクへの水揚げが止まり、水洗トイレも役に立たなくなります。そうなると衛生状態が悪化し、トイレを我慢することで体調にも悪影響を与えていきます。東日本大震災でも、こうした問題は、各地の避難所で頻繁に発生しました。避難所の想定避難者数と収容能力との質的ギャップは、命からがら、体1つで避難した人々をさらなる窮地に陥れるのです。

福住町町内会にはこのことが見えていました。福住が想定していた災害の現場を行政も想像できるようになれば、たとえば、公的避難所においては肥溜め方式を整備してトイレの容量を増やすなど、大災害に備えた取り組みが進んでいくはずです。もちろん、下水道管等の耐震化や水の確保、「コンポスト型トイレ」(本書133ページ参照)の普及も急がれるでしょう。激甚災害を想定すれば、さまざまなアプローチが見出されてくるはずです。いずれにせよ、「すべての能力を応急対策活動にあてられるよう、備えています」という先の「公助」モデルのガイドラインが空しく聞こえるのは、災害のリアリティを踏まえた取り組みの積み重ねが行政の「公助」からは見えてこないからです。

行政は災害時における自らの動きを試してみたことがあるでしょうか。「公助」内部が抱える課題もあるはずです。たとえば、多くの職員が遠くから通勤している自治体の場合、夜間や休日に災害が起きたらどうするのでしょうか。どのような備えが現実的であるのか、少なくとも住民とともに考えていくべきでしょう。「あなたたちは支え合い、助け合って、緊急事態に立ち向かってください」と住民に語るだけなら、行政のいう「自助・共助・公助」はやはり「命を守る」ための取り組みとは程遠い世界にあるといわざるを得ません。

現政権は今、緊急事態法の改正準備を着々と進めています。これは災害時における国家の権限をより強化するための法改正ですが、これによって、災害時における自治体の首長の権限や市民同士の自発的な活動が著しく制限されるとの懸念も強まっています。自発的な活動の制限は、災害時に自治体同士が臨機応変に助け合う「自治体間連携」の有効性（齋藤友之「『支え合いの連携』に向けて」三好亜矢子・生江明編『3・11以後を生きるヒント』新評論、2012年）を否定することにつながるものです。行政にはこうした大問題をしっかりと視野に入れ、自らの地域防災のありうべき形を住民にはっきりと指し示していく責任があります。

先にも述べたように、「福住町方式」の意義は、実践を通じて「助」のモデルの限界と「自分たちの限界」を明らかにし、「もう1つの共助」＝「他助」の可能性を開いたところにあります。そしてそれを通じて、「公助」のありうべき姿を私たちに指し示してくれました。一定規模の公園とコミュニティ・スペースが「公助」によって各地域に開放され、住民たちの自主管理によってそれらが運営されていくなら、それを起点に「共助」＝「他助」に基づく水平方向のネットワークがあちこちに立ち現れ、第2、第3の「福住町方式」が次々と生まれていくに違いありません。

「自助・共助」（＝住民）と連携する「公助」（＝行政）の役割とはいかなるものであるべきか。

そして、それぞれの「助」はどのような姿かたちを持つべきなのか。住民も行政も想像力を働かせ、自身に問う必要があります。福住町町内会の取り組みは、そうした重要なメッセージを全国に発しているのです。

◎愛知県美浜町布土学区と「地区防災計画制度」――「助」の連携へ向かって

最後に、条件不利地域と呼ばれる「地方の集落」で、今、どのような防災・減災活動が始まろうとしているのか、少しご紹介しましょう（私も参加する日本福祉大学有志による防災研究会がサポートしている事例です）。山も海もある愛知県美浜町布土《ふっと》学区（布土小学校の学区である布土と時志《ときし》の両地区を指す）、平坦な土地にある福住町とは異なる環境を持つ集落です。

東日本大震災の経験を受けて２０１３年に改正された災害対策基本法では、自治体単位の防災計画だけでなく、自治体を構成する地区単位での防災計画の策定も規定されるようになりました（「地区防災計画制度」改正災害基本法、２０１３年）。規定では、行政ではなく住民主導でそれを作るのが望ましいと謳われています。まさに「福住町方式」に倣った政策ともいえるものであり、緊急事態法の動きとは対極にある歓迎すべき取り組みです。布土学区は内閣府が進める「地区防災計画モデル事業」の15モデルの1つに選ばれ、現在、住民と美浜町役場が試行錯誤を重ねながら、地域特有の災害に備えた防災計画を進めているところです。

布土学区の防災計画の特徴は、子どもたちによるハザード・マップの作成にあります。子どもたちの目で捉えた登校ルートの危険・不安地点を子どもたち自身がチェックします。地域の大人たちは、子どもたちのチェック結果をもとに同じルートを歩き、補強します。子どもたちの感じた危険や不安を安全・安心に変えるのが大人たちの役割です。登下校中、どこで巨大地震が発生しても、子どもたちが安全に緊急避難場所に逃げ込めるようにしておかなければなりません。もちろん各家と小学校を結ぶ登校ルートはいくつもあるので、通学路は地域全体を網羅するものでもあります。したがって、このハザード・マップは高齢者や「重要支援者」(「福住町方式」の呼び名)にとっても頼りになるものとなります。

しかし、この取り組みによって、いくつもの事実と課題も明らかになりました。最大の問題は、通学路沿いには地震に弱い家屋やブロック塀がたくさん存在していたことです。震度6でその8割以上が倒壊すると想定されていることがわかりました。1000世帯ある地区で、その1割(100軒)が火災に見舞われると予測されていることも明らかになりました。巨大地震が起きた場合、避難路の確保そのものが極めて困難になることが懸念されています。

地域内の連携のみならず、地域外との連携も含めた「共助」=「他助」の必要性を実感しています。発災直後から地元の行政支援が途絶える可能性を視野に入れておかなければなりません。しかし、町役場が事前に準備できる対策もまだまだあるはずです。水平方向のネットワークを広げるために、住民と役場との検討が重ねられています。

第 5 章

三好亜矢子

震災の教訓を忘れない

日常のさりげない声がけがすべてです

一　女性リーダーの出番

２０１４年11月の第12回福住防火・防災訓練が終わった直後、執行部役員さんたちによる反省会に参加したときのことです。「トイレはどこですか」と私（三好）が尋ねると、居並ぶ男性たちは元気よく「そこですよ」と玄関から真っすぐ延びた廊下の左側を指さしました。扉を開けると男性用の小便器２基のスペースと大便用の個室が１つ設置されていて仕切りはなく、個室に入ったものの男性が入ってこないか気になって仕方がありません。震災のとき、ここに避難してきた女性たちはどのような思いでこのトイレを使ったのか、同情を禁じ得ませんでした。

「（震災のときには）男女別になるよう仕切りを作ったのですか」と念のために尋ねましたが、「そんなことはしてないなぁ」との答えがあっけらかんと返ってきました。私は思わず「女性にとっては辛かったでしょうね」とつぶやきました。「いやー、それどころではなかったし。女性は年配の方が多かったから気にしなかったと思うよ」とのことでした。

２０１５年度の福住町町内会の執行部役員は37名、内、女性は18名と５割近くを占めています。例年より女性の人員を増やしました。それでもまだ、副会長役は全13名のうち5名と、女性の比率は30%台にとどまっています。また、全国的な傾向の例に漏れず、福住町町内会の執行部役員の高齢化も進んでいます。先の1コマは、女性ならではの悩みや感じ方に対する男性たちの配慮が、日常的に少し不足している現れだったのかもしれません。

「女性の視点」の不足。災害時にはとくに致命的にもなりかねないこの弱点を補って余りあるのが、執行部のなかでは若手の大内幸子さんです。そのキレのよい発言とテキパキとした身のこなしは、小柄な体にエネルギーが詰まっていて、執行部には欠かせない女性といった印象です。福住町にやって来て37年、数年前までは町内会のなかでもごく目立たない存在でしたが、震災直後から救援活動に力を発揮し大きな影響力を持つようになりました。現在は副会長の1人として防災減災広報部長を務めています。「女性の視点」の不足という私の指摘に、大内さんは「**震災のとき、男性ばかりのリーダーだけでは駄目だとつくづく感じた**」と振り返り、「**これからは女性のリーダーの出番だ**」と言葉をつなぎました。

たとえば、発災から数日後、福住町から指定避難所の高砂小学校に避難していた70名の方々に差し入れを届けたときのことです。乳児を抱えた女性がいました。一緒にいた男性役員が「ミルク、ミルク!」と騒くのを見て、大内さんは反射的に叫びました。「そんなことをしたら死んでしまう。お湯！　お湯を用意して！」。このとき大内さんは「黙っていては駄目だ」と確信したそうです。ミルクの前に必要なのはお湯です。ろくに水分も摂れず、寒さで冷え切った体の赤ちゃんにカロリーの高いミルクを与えてしまえば、かえって体への負担を大きくするかもしれません。まず、温かな白湯を飲ませて体を温めるのが先決と大内さんは判断しました。

100名が避難していた福住町集会所でも、こうした「気づき」で力を発揮したのは、大内さんをはじめとする女性たちでした。狭い集会所の奥のほうで身を寄せる車椅子の方を見つけ、トイレにすぐに行けるよう出入り口近くへと居場所を移してくれたのです。

「震災のときだけではない。普段、町内会に視察に訪れる一行の方々にも驚かされることが少なくない」と大内さんは続けます。とにかく男性ばかりのグループがあまりに多いからです。大型マイクロバスを仕立て、50数人の大所帯でやって来たある町内会のケースでは、女性はゼロでした。「なぜ女性が1人もいない。疑問だ」とコメントしたそうです。その後、その町内会でも女性参加について検討したらしく、次の視察のときには、女性がリーダーの一角を占めるようになっていたとのことです。

男性の生活感のなさにショックを受けることも、たくさんあるようです。震災後、視察に訪れたある市役所の男性職員は大内さんに、「消費期限の切れたペットボトルの飲料水は、備蓄品から外して捨てたほうがいいでしょうか？」と質問しました。驚いて、すぐには返事ができなかったそうです。飲めなくても、食器洗いや洗濯、掃除など、いくらでも使い道はあります。とくに災害時には、こうした水は最も貴重な資源となるのですから。

ただし、女性の視点＝生活者という見方は、逆に性別役割分業を強化するリスクも伴っています。自分で自分の身の周りの始末をすることは性別とは無関係だからです。まず、日常生活において、男女ともに〝生活者として自立する〟という当たり前の感覚を身につけることが、「防災」よりも先に来るべきではないでしょうか。あるいは、〝生活者として自立する〟こと自体が、「防災」そのものに直結する大きな要素であるとはいえないでしょうか。

私の質問に答えたあと、大内さんは力強くこう語ってくれました。「震災後、2ヶ月間はショックで何も手がつかず辛い時間を過ごしたけれど、今では、私には震災の教訓を語り継ぐ義務があるとさえ思っています。発言や行動する機会を積極的に作っていきたいです」。

女性ならではの悩みと支援への参加意識

男女平等の視点であらゆる問題に取り組んできたNPO法人イコールネット仙台（宗片恵

福住防火・防災訓練に参加するNPO法人イコールネット仙台の皆さん／2013年11月10日。

美子代表理事）は、災害時や普段の防災活動における女性の参画と女性のニーズに対応する支援の必要性を訴え、２０１１年９月〜10月にかけて宮城県内の女性１５００人を対象に、震災の影響に関するアンケート調査を実施しました。家庭や家族、経済や健康、仕事や育児など、女性特有の多様な悩みが浮き彫りになっています。**日常の延長線上に比べ、過酷な災害の現場では、女性に対する偏見がよりいっそう強くなる**傾向が見えてきます。

たとえば、次のような自由記述がありました。

- 仕切りがない空間で、人前で着替えや授乳ができない。
- 保育所や介護サービスなどが休みで利用できず、小さな子どもや介護が必要な親の預け先がなく、自分が仕事を休む、あるいは辞めなければならず、経済的な問題が発生している。
- 子どもが熱を出したり病気になったりしても、ガソリン不足、道路が遮断されて病院に連れて行けなかった。

- 離乳食やミルクが不足していた。
- 震災のショックで母乳が止まった人がいた。
- 雑魚寝状態で、寝返りを打ったら知らない男性が寝ていて身体が震えた。セクハラなどもあった。
- 下着や生理用品など、女性ならではの必要な物資が届かない。普通サイズだけでＳやＬサイズ用がない。
- 震災後、夫のストレスからのうつやドメスティック・バイオレンス（ＤＶ＝家庭内暴力）、親の認知症の悪化、子どもの不登校など、家族に変化。震災同居で10人以上が一緒に暮らすことになった例も。家族のケアが増大した。
- 子どもが怖さから、抱っこをせがむなど甘える行動が増えて親にくっついて離れなくなった。
- 自然と性別役割で避難者の食事づくりを女性が担当。大勢の食事を作ったり、鍋を持ったりするのは意外に力仕事だった。

一方、同調査では、こうした困難を抱えながらも**女性たちが支援活動に積極的に参加し奮闘している**ことも明らかになりました。女性たちは地域や避難所、仮設住宅でさまざまな活動に活躍しました。「支援に参加した」との回答は66％（１５００人中９９２人）に上ります。具体的な内訳は「食料や飲料水の助け合い」（同６２７人）、「隣近所の安否確認」（同４２５人）、「避難所の支援」（同３７８人）、「救援物資などの運搬や仕分け」（同３３２人）などが上位を占めています。震災時においては、女性こそが身近な暮らしを支えたことがわかります。

防災意識に関し、「男の論理」が組織やシステムづくりに傾注しがちなのに対して、「女の論理」は命の問題にストレートに結びついていきます。女性は災害時にはとくに、自分と同様、弱い立場に置かれている人々への目配りができるケアの担い手として、その能力を発揮します。

仙台市地域防災リーダー（ＳＢＬ）の養成

こうした男性にはない能力を持つ女性の力を、「現在の男性中心のリーダーたちはあまり気がついていない」と大内さんは指摘します。日常の町内会運営のなかでも、性別役割分業はいまだに根強いからです。たとえば、ある日、町内会の予算案について話し合っていた役員会の席で、会長の菅原さんが「おなかが空いたな。先日、いただいたお土産のソバを食べよう」と言い出しました。そのこと自体には何も問題ありませんが、準備に立ち上がったのが全員、女性たちだったのです。大内さんは、思わず「女性たちが抜け出したまま会議を続けるのはおかしい」と声を上げていました。「気がつかなくてごめんね」と会長はすぐに謝りました。女性の視点を重視する、今後の福住町町内会の新たな取り組みが楽しみです。

福住防火・防災訓練で先頭に立つ大内さん。胸に付けたSBLの文字が光る／2013年11月10日。

大内さんは、女性リーダーの権威の確立をめざして、防災関係の資格の取得に乗り出しました。

その１つが**仙台市地域防災リーダー**（ＳＢＬ）です。東日本大震災の後、２０１２年度から仙台市が養成講座を始めました。仙台市独自の講習カリキュラムに基づいて、防災マップの作成や初期消火、救出・救護等の実戦訓練を含む講義・実技を２日間受講し、認定されるものです。災害時には、地域住民の避難誘導や救出・救護活動の指揮を行うなどの役割が期待されています。大内さんはその記念すべき第2期生となりました。認定のための主なカリキュラムは次のとおりです。

1　自助・共助・公助の役割――自助・共助の活動支援、リーダーの役割および地域との連携についての基礎知識。
2　自分の住んでいる地域の特性の理解――地域特性を踏まえた防災マップの作成、地域防災力診断。
3　常日頃備えておく技能――避難誘導の基礎知識、初期消火、救出・救護等の実践訓練。
4　自主防災組織の機能を高めるための活動――自主防災計画づくり、災害時要援護者〔現在は「避難行動要支援者」と呼ばれています〕の避難支援、さまざまな防災ゲームの紹介。
5　東日本大震災の経験から――避難所生活の体験談など。
6　避難所運営について――避難所運営の基礎知識。
7　まとめ――地域で実施したい防災活動についての意見交換、理解度チェック。

第1期・2期生の多くは男性の町内会会長でしたが、大内さんはそのなかで数少ない女性の1人です。3期目が終了した時点で392人が認定され、そのうちの女性は92人。全体の約2割ですから、まだまだ道半ばです。

せんだい女性防災リーダーネットワーク

また、大内さんはもう1つ、**女性防災リーダー**の認定も受けています。先述のイコールネット仙台は、2013年5月から「女性のための防災リーダー養成講座」をスタートさせました。震災を教訓とした講座は全5回。男女共同参画の視点などを盛り込んだ仙台市地域防災計画や震災の現場の実態、DV・児童虐待、障がい者の生活支援などについて、専門家の話を聞きながら学びます。また最終回で行われるワークショップでは、避難所の運営や課題にどう対応するかについて、机上でのシミュレーションを行います。この講座は2015年1月現在、2期まで修了し、61名の女性防災リーダーを輩出しました。仙台市在住者だけでなく、石巻市や岩手・陸前高田市の女性たちも認定を受けました。3年で100人の養成をめざしています。

さらに大内さんたちは講座仲間とともに**せんだい女性防災リーダーネットワーク**を立ち上げ、月に1回集まり、活動報告、研修会や情報交換なども行っています。

国連防災世界会議の市民フォーラムで発表する大内さん／2015年３月18日（東京エレクトロンホール宮城）。

同じＳＢＬの資格を持つ仙台市宮城野区岩切《いわきり》地区在住の同ネットワークのメンバーは、２０１０年の時点ですでに、女性の視点で作成した「**岩切・女性たちの防災宣言**」（岩切の女性たちによる防災宣言をつくる会、菅野澄枝代表（次頁参照））を発表しています。「大切な人、家族の命、地域に育つ子どもたちを守るために自分たちでできることをすぐに始めよう」と宣言する内容です。そして２０１５年3月には、〝私たちは忘れない〟で始まる「**岩切・女性たちの防災宣言２０１５**」（本書１９４ページ参照）を新たに発表しています。

２０１５年3月14日〜18日に仙台市内を中心に開催された第3回国連防災世界会議では、「女性と防災」をテーマに女性防災リーダーたちも世界に向けて発信しました。大内さんは「防災シンポジウム・第10回災害に強いコミュニティのための市民フォーラム」（仙台市主催）のパネラーの1人として登壇、「子どもや高齢者の方々へのさりげない見守り活動のすべてが減災につながっていく」と訴え、「これからも女

岩切・女性たちの防災宣言

あなたの大切な人は誰ですか？
今何かをすることで、大切な人の命を守れるなら、
すぐにそれを始めませんか？

もし、大災害が起こったら、小さな子供を抱えてどうしよう？
避難所はどこ？　何を持っていくの？　夫と連絡がとれなかったら？

考えることが怖くて止めてしまっている、そんなあなたの不安を話してください。
私たちはあなたの心配を一緒に考えます。
考えることで、きっと怖さが減るでしょう。

隣に住んでいる人は誰ですか？

あなたが関心を持つだけで、何かが変わるはず。
ほんの少し勇気を出して声をかけてみたら、おすそわけの曲がりねぎと一緒に
情報が入ってくるかもしれません。

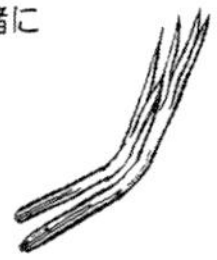

一戸一戸の家庭で防災の話をしてみませんか？

いざという時、どうやっておじいちゃんを助ける？
中学生の息子だって、みんなを守る側にたつことができる。
いろんなことを家族で話します。
大好きなみんなを守りたいから。

ちょっと自分たちの備えを心掛けることができたら
周りの人のことを考えてみます。
誰かにあてにしてもらえることで、がんばれるような気がします。
でも、がんばりすぎないで。

互いに認め合うことでつながっていきたいから、
感謝の気持ちをたくさん伝えます。
ありがとう、ありがとう、ありがとうの貯金をします。

岩切にはいろんな人が暮らしています。
親子四代共に暮らす人
新しくこの地域に住み始めた人
宮城県沖地震を体験している人、いない人。

私たちは、この岩切にある安心を伝えます。
地域防災マップがあることや
自宅の井戸や機材を「いつでもいいよ」と言って貸してくれる人がいることを。

私たちは、防災について考え続けるために語り継ぎます。
昭和53年の宮城県沖地震で、からくも命拾いしたことや復興までの苦労を。

私たちは、ここ岩切でみんなが安心して暮らすために、
自分たちでできることを考え行動します。
大切な人の命を守るために。
この地域で育つ子供たちのために。

平成22年6月12日

岩切・女性たちの防災宣言2015

私たちは忘れない

２０１１・３・１１　１４時４６分

止まらない揺れ。岩切大橋の段差が広がる。割れた道路からあふれ出す水。

消えたままの信号、倒れ掛かる電柱。

聞いたことのない音とともに瓦が落ち、壁が崩れていく。

左右違うクツで「子どもは…」と、外に出る母。

崩れた街並みを、たくさんの声がけに守られながら子どもたちは帰って来た。

抱きしめながら涙が止まらない。

「怖かったね。がんばったね。ありがとう。帰って来てくれて、ありがとう。」

夜・・・真っ暗な地上と凍りつくような満天の星と月。

夜明け

いつも声をかけあっているご近所さん、仲間たち、
思い浮かぶあの人、この人を捜しに、
今、この時に何ができるのかを確かめるために、
助けあった命を未来につなぐために、
踏み出した一歩。

ともに歩いていく

子どもたちは笑っていてくれる
だけで宝。中学生たちは力を合わせて
仕事をしてくれた。
何かをせずにいられなくて動き出した人。

子どもがいて何もできないと思っていたけど、ちい
さなサポートができた。自分や家族を支える「自助」、
各々でそれができたら、それは「共助」。
気になっている人の家にちょっとご飯を差し入れてみた、
それも「共助」。誰もが誰かのためにできることをした。
みんなで一緒に乗り越えたことを、私たちは互いに分かり合っている。

経験したからこそ伝えよう。「自助」、周りの人と助け合う「近助」は大事。備蓄は一週間。

でも、大変な時は「助けて欲しい」と声を上げて。私たちはあなたを見つけます。

知らなくちゃいけないことが、知りたいことが、
もっともっとあることに気づいたから、学び、動く。
どんなに大地が揺さぶられても、心はしなやかに立ち上がる。

私たちは再び呼びかける。

昔から住む人、新しくこの町に住む人、世代を超えてつながろう。

安心して毎日を過ごせるように。

お互いの命を守れるように。

岩切に住んでよかったとみんなが思えるように。


大切な人は誰ですか？

ともに歩くあなたです。

未来を創るあなたとともに私たちは歩き続けます。

２０１５年３月
岩切の女性たちによる防災宣言をつくる会

性ＳＢＬとしてスキルアップし、次世代につないでいきたい」と女性の視点を生かした防災・減災活動への決意を述べました。東日本大震災を乗り越え、被災地のさまざまな女性たちと交流を重ねてきた大内さんら女性ＳＢＬへの期待がますます高まります。

二　小規模の弱みが強みに

２０１４年11月22日、長野県北部で最大震度６弱の地震が発生しました。長野県対策本部室が２０１５年１月５日に発表した長野県神城断層地震の被害は、県内全体で、重傷者４名、軽傷者37名、全壊住宅77戸、半壊住宅１３６戸にも及びました。なかでも、神城断層に近い同県白馬村では、住宅27戸が全壊、22戸が半壊し、重傷者が４名、軽傷者19名と被害が集中しましたが、幸い、犠牲者は１人もありませんでした。倒壊した家屋に、２歳児を含む20数名が閉じ込められましたが、救急隊が到着する前に、近隣の住民によって全員、無事、助け出されました。

複数のマスコミによって〝白馬の奇跡〟とさえ呼ばれる救出活動の背景には、長野県が独自施策として、市町村に対して策定を呼びかけてきた「**災害時住民支え合いマップ**」づくりがあります。同県が２００４年に起きた梅雨前線豪雨および新潟県中越地震をきっかけに取り組みはじめたものです。２０１４年3月31日現在、県内の77市町村のうち、59市町村で、また、市町村のなかの、町内会や学区などのさらに小さなコミュニティ単位では２２８６地区で同マップが作成されています。地図に示される情報はさまざまですが、多くの場合、地図上で自宅を示すことに同意した要支援者（1人暮らしの高齢者や障がい者の方々など）や災害時には要支援者を助けに行く避難支援者のそれぞれのお宅、それに病院などの社会資源が記載されています。白馬村では２０１０年、村の事業として同村の社会福祉協議会に依頼し、マップ作成を開始しました。同村の29地区のうち、今回の地震災害の時点では、被害の大きかった神城地区を含む16地区で作成済みでした。神城地区の実家に、２歳児と3歳児を連れて里帰り中、たまたま被害に遭った女性は子どもたちと一緒に、倒壊した家屋の下敷きになりましたが、近所の人たちによって1時間足らずで助け出されたと報じられています。

マップがあったから救出がスムーズだったというより、地図づくりに取り組むことで、住んでいる皆さんの間で地区内のさまざまな情報を共有していたことが、大きくものをいいました。地区の人たちは、マップを1度作って「はい、終わり」と満足することなく、それを毎年、更新していました。年に1度の防災訓練のときなどに、**皆で地図を見ては、要介護者**

がどこにいるのか、より適切な避難ルートはどこかなどをチェックしていたそうです。この作業を通じて、地区内の人たちがお互いの状況をより把握していたからこそ、いざというとき助け合えたといえます。

私は、福住町がめざしているのは「まさに、これだ」と膝を打ちました。白馬村の人口は２０１４年12月1日現在、９０４２人。村は29地区に分かれているので、１地区当たりの人口はおよそ３００人です。住民のほとんどが知り合いといってよいでしょう。普段から付かず離れず、助けが必要なときには自然に手を差し伸べ合う絶妙な距離感。それがもたらす人間関係こそが**減災**につながります。小規模なコミュニティという弱みが強みに変わります。村や町の皆が何から何まで情報を共有しようというのではありません。それでは息が詰まります。大切なのは、災害時であろうとなかろうと、ＳＯＳを出すのをためらわないこと、それを周りが協力し合って受けとめることです。何か問題に直面したときには誰もがそうした行動を取れるようにしておかなければなりません。

この白馬村の経験を参考に、福住町でも、たとえば、防火・防災訓練やさまざまな行事の機会を利用して、重要支援者のお宅などを示した〝ガリバー地図〟（大型マップ）を、町内会の役員さんだけでなく一般会員の皆さんも含めて参加者全員で見渡し、にぎやかに議論するような場を設ければ、また新しい発見やアイディアが生まれてくるのではないでしょうか。

三　若い世代とパートナーシップ

福住町の自主防災マニュアル33ページには、「あいさつのあるふれあい町内をつくるポイント5」として、住民に対する次のような呼びかけが掲示されています。

1　近所の人に挨拶をしましょう。
2　家族だけでなく、隣の人にも声がけをしましょう。
3　お祭り、草刈り等の行事に参加しましょう。
4　地域で実施する防災訓練に参加しましょう。
5　自主防災組織に参加しましょう。

「まず、顔なじみになりましょう」、それが防火・防災・防犯につながるというわけです。あまりに当たり前すぎるでしょうか。しかし、実際にこの5項目のすべてを実践されている方は、それほど多くはないと思います。地域コミュニティはもとより、隣近所の人にも知らん顔、家族とすら業務連絡のような会話しか交わさない家庭が増えている昨今です。それに追い打ちをかけるように全国を覆っているのが少子高齢化の波であり、そのなかで町内会や自治会などの地縁組織が脆弱化しています。地縁組織を担ってきた人たちが、次世代にバトンを渡せないまま高齢化しています。

朝日新聞の調査に見る「単身高齢者」の実態

　２０１４年12月13日付、朝日新聞１面に「公営住宅　１／４が高齢独居　孤独死　昨年度１３００人超」というショッキングな見出しの記事が出ました。

　２０１４年４月１日時点で、全国の公営住宅における65歳以上の１人暮らし世帯は全体の24％に当たる約29万戸、孤独死は１３２０人。これは同紙が47都道府県（「把握していない」などの回答を寄せた６県を除く）と20政令指定市を対象に行った、公営住宅の入居状況等に関する調査結果です（２０１２年度末時点で全国の公営住宅数は約２１７万戸。内、今回の調査対象は全体の６割強に当たる約１２５万世帯）。

　なかでも単身高齢者の比率が最も高かったのは岡山市（37％）、次いで神戸市（35％）、横浜市（32％）の順となっています。同紙は「直近２０１０年の国勢調査では、65歳以上の単身世帯は全世帯の９％。国の社会保障・人口問題研究所は２０３５年には15％まで増えると推計しており、「公営住宅はそれを先取りした形だ」と解説したうえで、「単身高齢化」を背景とした孤独死の多発に警鐘を鳴らしています。

この「単身高齢化」と並行して、公営住宅の自治会機能も衰えています。同紙第2面では「みな高齢　助け合い限界」の見出しでその状況を次のように報告しています。

まず自治会の役員そのものの減少についてです。たとえば、名古屋市中川区にある市営住宅戸田荘の自治会（1600世帯）。高齢者の単身世帯と、高齢者夫婦の世帯が43％を占めています。棟ごとの役員の定数は11人から7人に減らさざるを得なくなりました。年に1度の河川堤防の草刈りは3年前にやめました。自治会長は、孤独死を防ぐために見回りをしたいが、そこまでできるだろうか、何とか次世代につないでいきたいが、と述べています。

民生委員のなり手不足については、横浜市旭区にある市営ひかりが丘住宅（2000世帯）の事例が報告されています。高齢化率は約48％。民生委員の定数13人に対し、2014年度はゼロ。そこで、市の委託を受けた地元の社会福祉法人が同年5月から3年計画で、全戸訪問を実施することになりました。家族構成、近所づきあい、持病などの聞き取り調査をとおして認知症や引きこもりの兆候の有無についても記録していく「見守り活動」です。しかし、同年11月末時点で調査拒否が673世帯中すでに153世帯にも上っているのが実情です。

実態把握すら難しい状況のなかで、孤独死の懸念はいっそう高まっています。

朝日新聞が明らかにしたこうした実態以外にも、高齢化の問題は全国のコミュニティにさまざまな影を落としています。関東地方のある自治会では、1つの班でまとまる数世帯の住民が、高齢のため輪番制の区長の役割を果たせなくなったとして、自治会に脱会を申し入れました。自治会側としては資金確保のためもあり、脱会を何とか食い止めたかったのですが、折り合わず、結局、役員会での決定により、自治会側は脱会を認める代わりに、この班の区画内に設置している街灯とごみステーションを撤去してしまいました。この事例は、国や行政の対応が進まぬなか、少子高齢化現象によって生じるさまざまな問題がコミュニティ機能を低下させ、それが住民同士の新たなトラブル・対立へと発展していく悪循環の様相を示すものです。

福住の未来

これらの寒々しい現実に比べると、福住町町内会は大いに健闘しています。

同町内会の高齢化率は約28％（２０１５年1月1日現在）。世界保健機関（ＷＨＯ）の定義に照らせばりっぱな「超高齢社会」です。高砂小学校校区全体では16・95％、宮城野区は

18・5％、仙台市は22・22％です（２０１４年5月1日現在）。高砂小学校校区がやや低いのはアパートやマンションの新築ラッシュが続き、若い人が増えているためですが、どちらにしても日本社会全体が確実に「高齢社会」へと突入しています。

ただ、高齢化率が上がれば、町内会や自治体の活動が直ちに低迷しはじめるというわけではありません。福住町町内会が活発でいる秘訣の１つは、お年寄りを含む住民たちが絶えず、菅原さんはじめ役員の働きかけに応じて、いい意味で**かき回されている**ことです。自分の内に引きこもって沈殿する暇がないほど、あれや、これやと外に引っ張り出されます。防火・防災訓練の現場でも、婦人コスモス部の活動に参加する高齢のおばさまたちが「こんなに寒くてはもう嫌だ。来年はもう来ない、来ない」と盛んに大声で愚痴っていました。でもすぐに部長が近づいて「そんなこと言わないで。また、来年、お願いするわ」となだめます。元気だから町内会活動や防災活動をするのではなく、こうした活動に関わっているから元気だといえます。

見守り活動に関しても、福住町町内会ではそのほとんどが高齢者である執行部の役員さん全員で担当しています。執行部役員の人数は毎年30名前後ですから、ほぼ10世帯に１人の割合で活動を担っており、精力的です。社会福祉協議会が委嘱する福祉委員も10数名います。ただ、執行部役員との兼務が目立つので、負担増という面では少し心配です。今後はこうし

下校の子どもたちの見守り。

婦人コスモス部、早朝町内清掃。

年に数回実施される福住町公園の草刈・清掃。

た兼務を少しずつ減らして、まったく**新しい方**に役割を渡すことで、さらに町内会のリーダー層が分厚くなれば、より素晴らしくなると思います。

福住町町内会の期待の若手の1人が、震災時、支援物資搬送で文字どおり被災地を駆けめぐって大活躍した平井勝さんです。当時は執行部役員ではありませんでしたが、この活躍によって副会長に抜擢され、以来、事業部長を務めています。執行部のなかでは超若手の30代です。

「震災以前から町内会には属していましたが、正直なところ、あまり活動には参加していませんでした」と平井さん。ところが、震災以来、平井さんの町内会への関わりが一変しました。震災が発生したとき、平井さんは自宅から車で30分ほどの仕事場にいました。平井さんは電気技師です。揺れが収まるのを待たず、平井さんは車に乗り込み自宅にすっ飛んで帰りました。ところが、食器や置き物が激しく散乱した家のなかには誰もいません。奥さんと生まれたばかりの赤ちゃんがどこにもいません。落下物で頭にけがをした赤ちゃんを抱えて、奥さんは町内のクリニックに駆け込んでいたのです。幸いなことに軽傷で済み、その後、奥さんと赤ちゃんは電気の消えた家にとどまるのが恐くて福住町集会所に避難しました。平井さんは集会所で合流することができました。

それからというもの、平井さんは持ち前の若さと馬力で炊き出しや支援物資の仕分けなどに大車輪で動きはじめました。集会所に避難していた人たちのほとんどは、電気の復旧とともに発災から1週間で自宅に戻っていきました。「電気がついてからも、自分は残りました。町内会の活動に魅力を感じるようになったからです」と平井さんは淡々と語ります。支援物資を届けた宮城県南三陸町の方から、「本当にありがとう」といわれたときの嬉しさは、今も脳裏に強く焼きついているそうです。

「高齢化率」は個々の町内会や自治会の体力を推し量るには便利な物差しですが、町内会や自治体の真の実力はそのハンディを補う知恵を持っているかどうかにかかっています。若い世代とのつながりをどのように作っていくかということもその1つです。

その意味では、福住町町内会が今後も溌剌とした活動を続けていくにはまず、マンションやアパートに住む**若い世代へのアプローチ**を再度、試みることが必要になってくると思います（本書112ページ参照）。あるいは、かつての平井さんのような、町内会に加入していても活動には疎遠な若い世代の人たちに、より参加しやすい機会を提供し、ボランティアの楽しさを知ってもらうことも必要になってくるでしょう。

これまでのやり方は、「町内会の活動に参加してください」と、自分たちの土俵に呼び込む働きかけが主流でした。これを逆転して、「自分たちは、この点で困っているので助けてほしい」と、**パートナーシップを求める方向に転換**していくというやり方もあります。たとえば、マンションやアパートの住人の方々に、町内会は次のような支援を求めるとします。「水害のときには高層マンションに逃げ込むことを認めてほしい」「マンション内に設置された非常用電源でケータイなどを充電させてほしい」「貯留している水を分けてほしい」。そしてそのお返しとして町内会は、自分たちがこれまで培ってきた安否確認システムの立ち上げ方や炊き出しなどのノウハウを提供するのです。パートナーとしてお互いの強みを認め合い、弱みを補い合う方向をめざすことで、支援が「**支縁**」へと形を変えていく——そうすれば、互いの関係（ご縁）を支え合うもう1つの町内会活動へと、きっと進化していくに違いありません。

最後に菅原会長の大好きな良寛の句で本書を締めくくるとします。

「散るさくら、残るさくらも　散るさくら」

福住町の元気いっぱいな人たちも震災では多くの友人、知人を失い、自分が生き残ったことに、こうして毎日ご飯を食べていいのかな、笑っていいのかなと、ふとした瞬間に凍りつくような思いに駆られるといいます。確かなことは「生かされた」ということでしょうか、ともいいます。命を次の世代につないでいくために、福住町町内会の疾走は今日も続きます。

あとがき

三好亜矢子

4年前の3月11日、東日本大震災で壊滅的な被害を受けた人々を救援しようと、行政だけでなく企業、ＮＰＯ、宗教団体などさまざまなグループが被災地に向かいました。なかでも、私にとって意義深く感じられたのは、誰かに頼まれたわけでもないのに見ず知らずの他人のために、個人として、あるいはその個人が集まった市民グループとして、ボランティアというよりゲリラ的に動く人たちの存在でした。そうした人たちに原稿をお寄せいただいて成ったのが、『３・11以後を生きるヒント――普段着の市民による「支縁の思考」』（三好亜矢子・生江明編、新評論、２０１２年）でした。

今回、仙台市福住町町内会の防災活動について詳細に語っていただいた菅原康雄町内会会長もそのお１人でした。

第３章で述べたとおり、私と菅原さんとのご縁は、２０１１年12月、山形県最上町で行われた河北新報社主催の「仙山カレッジ」に遡ります。私は、パネリストの1人として登壇した菅原さんが熱弁を奮う、パワフルな町内会主体の防災活動にすっかり魅せられました。とくに、２００４年の新潟県中越地震のとき、一面識もなかった新潟県小千谷市池ヶ原地区の皆さんに苦心して連絡を取り、「押しかけ支援」を行ったバイタリティには驚かされました。

先の書籍では、もう1人のパネリスト、地元の最上町を拠点に宮城県石巻市などの沿岸部を中心に精力的に被災地支援を行っていた僧侶、三部義道さんにも寄稿していただきました。曹洞宗を母体とする社団法人シャンティ国際ボランティア会（ＳＶＡ）の副会長としてのお立場を活かした取り組みについてのご報告でした。

同書ではほかに、阪神淡路大震災後の仮設住宅で、高齢者の見守りや災害看護に尽力したＮＰＯ法人阪神高齢者・障害者支援ネットワーク理事長の黒田裕子さんにも、東日本大震災の発生直後からなさってきた気仙沼市などの避難所、仮設住宅に住む方々の見守り活動についてご報告いただきました。黒田さんは昨年（２０１４年）9月24日、多くの人に惜しまれながら73歳の生涯を閉じられました。心からご冥福をお祈りいたします。

さらに、やはり震災直後から、岩手県大槌町で市民に開かれた「まごころ広場」を開設、被災された方々の居場所づくりに取り組んできた臼澤良一さんや、潰滅的な被害を受けた岩手県陸前高田市で地域医療とケアの再建に尽力し、現在は秋田県秋田市を拠点にコミュニティにおける包括ケアに力を入れている秋田大学大学院医学系研究科保健学専攻教授の中村順子さん（保健師）、あるいは岩手県遠野市と並んで、市民ボランティアを三陸の沿岸部に送り込む後方支援の機能を担った山形県米沢市の生活クラブやまがた生活協同組合特別顧問・ボランティア山形代表理事の井上肇さんなど、総勢11名の方々に貴重な原稿をお寄せいただき、24の団体・個人の方に取材をさせていただきました。

本書では、「誰1人として死なないために」という究極の減災を旗印にした「仙台・福住町方式」に焦点を絞りました。同町は、菅原康雄さんが１９９９年に第7代の町内会会長として就任したことが転機となりました。

第1章で菅原さん自らが述べているとおり、福住町町内会は、水害と地震に度々襲われてきた地域的な弱みを、積極的な防火・防災活動に取り組むバネに変えました。そして、「福住町方式」の有効性は東日本大震災において存分に発揮され、その活動ぶりは全国的に高い評価を受けています。まずこの最初の章では、福住町町内会の歩みと活動の全体像を概観しました。第2章では、その活動を根本で支えているものが、住民の名簿づくりや非常時用の天水桶の設置といった日頃の地道な積み重ねと、さまざまな町内行事を通じた住民同士の信頼関係づくりにあった点に光を当てました。第3章では、2003年に定めた自主防災マニュアルに基づいて年に1度開かれる、質量ともに高水準の防火・防災訓練の様子を紹介しました。第4章では、同町内会が全国に先駆けて取り組んでいる仙台市内外の町内会、自治会、市民グループとのボランティア協定「災害時相互協力協定」の趣旨と具体的な交流について報告しました。そして第5章では、本書全体の締めくくりとして、女性リーダーの育成や若い世代への引き継ぎなど、さらなる改善のための提言をまとめました。

また、第2章、第3章、第4章の末尾では、赤木高鉄《こうよう》さん（東京都中野区上高田1丁目町会副会長、上高田町づくりの会役員）、若山徹さん（㈱地域計画研究所代表取締役）、生江明さん（社会開発国際調査研究センター代表、元日本福祉大学教授）の3人にご寄稿いただき、「都会の住宅密集地」「都心のマンション」「地方の集落」という異なる条件下で取り組まれている地域防災の事例報告や「共助」のあり方の検討を通じて、「福住町方式」のユニークさを浮かび上がらせました。

『3・11以後を生きるヒント』に引き続いて、本書を通底するものは、ごく当たり前のことですが、「人は1人では生きられない」ということです。心身ともに壮健で社会的、経済的にも恵まれていると自負する人でも、いつ、いかなるときに病気や事故、災害に襲われ、今までとはまったく違った暮らしを余儀なくされるかわかりません。そのときに頼りになるのが、自分以外の誰かの存在です。

１９９５年1月17日に起きた阪神淡路大震災から今年で20年になりました。当時、私はＮＨＫ・ＢＳ放送のドキュメンタリー番組の一環として市民のボランティア活動を取材していました。私たちの取材チームが訪問した、神戸市灘区六甲小学校に設けられた避難所では、同小の体育館に身を寄せ合った人たちが1つの「町」を作っていました。まるで1つの有機体のように助け合っていた「町」の魅力に惹かれ、私は『すきなんや　この町が～１９９５・神戸・ある避難所の記録』（ドキュメント・アイズ、１９９６年）というドキュメンタリービデオを自主制作しました。弁当・救援物資の配布、トイレ掃除の分担、ボランティアの受け入れ、名簿づくり、郵便物の配達に至るまで、行政や専門家に頼ることなく、「被災者」の方々が同じ「町民」として「町」を切り盛りしていました。

この一種の住民自治は、東日本大震災における福住町においても発揮されました。このことは本書が縷々述べてきたところです。さらに、「福住町方式」において特筆すべきは、町や市、県の境界も軽々と越えるダイナミックな〝お節介ぶり〟です。頼まれもしないのに出かける「押しかけ支援」は、まったくのあかの他人を「友人」に変えていきます。その延長線上にあるのが、町内会や市民グループなどと結ぶ「災害時相互協力協定」ですが、福住町町内会の勇名が全国に轟いている割には協定数が伸びていないことも事実です。「会長、締結書のなかで謳っている『できる限りの協力と支援を行う』というくだりがネックなんじゃないの。それで尻込みしてるんでねえの」「『できる範囲の』に直さねすか?」「んだね、今度から、そうすっからね」とのやり取りが菅原さんと仲間のなかで賑やかに交わされます。

２００８年に行われた総務省の調査によれば、町内会をはじめとする地縁団体の数は全国におよそ30万。「困ったときはお互いさま」の精神で肩肘張らず助け合う、町内会同士が縦横に張りめぐらす交流の広がりに私たちは期待をふくらませています。

２０１５年3月11日

謝辞

本書は多くの方々のご協力によって完成の運びとなりました。ここに記して御礼を申し上げます。

（順不同・敬称略）

■福住町の住民の皆さん　同町内会の皆さん　同町内会の役員の皆さん

■**寄稿**　赤木高鉄　若山徹　生江明

■**取材協力・情報提供／個人**　石川治（仙台リバーズネット・梅田川）　松丸まこと（東京都足立区）　明念大雄（㈱リアルドッグフード、埼玉県越谷市）　浅見健一（元・仙台市高砂市民センター、現・震災復興支援グループ「きぼう」）　牛坂勝（福田町横丁町内会、仙台市宮城野区）　佐々木志乃（東北福祉大学ＰＡＳＳ）　岩﨑恵美子（元・仙台検疫所）　只野勝恵（管理栄養士、仙台市）　松本洋美（管理栄養士、愛知県高浜市）　中根輝彦（西野町小学校区自主防災会連絡協議会、愛知県西尾市）　丸山公重（池ヶ原学区協議会、新潟県小千谷市）　村山良太（同）　田中とき子（同）　村山広栄（池ヶ原地区協議会）　宮下秀志（チェーンソーアート作家、長野県上伊那郡南箕輪村）　西塚一太郎（鶴子地区連合区会、山形県尾花沢市）　渡辺修（尾花沢市役所）　宗片恵美子（ＮＰＯ法人イコールネット仙台）　菅野澄枝（岩切の女性たちによる防災宣言をつくる会、仙台市宮城野区）　村田淑恵（みちのく仙台ＯＲＩ☆姫隊）　ほか多くの皆さま

■**取材協力・情報提供／団体・組織**（太字は「災害時相互協力協定」締結団体）　仙台市高砂市民センター　ＮＰＯ法人北東北捜索犬チーム（青森市）　一般社団法人日本自動車連盟（ＪＡＦ）宮城支部（仙台市）　仙台東警察署　仙台市水道局　日本赤十字社宮城県支部　日本防災士会宮城県支部　㈱共栄防災（仙台市）　第一機材販売㈱仙台営業所　西野町小学校区自主防災会連絡協議会（愛知県西尾市）　ＮＴＴ東日本宮城支店　仙台市ガス局　㈱河北新報社（仙台市）　**花壇大手町町内会**（仙台市青葉区）　**塙山学区住みよいまちをつくる会**（茨城県日立市金沢町）　**鶴子地区連合区会**（山形県尾花沢市）　尾花沢市　**仙台リバーズネット・梅田川**　池ヶ原地区協議会（新潟県小千谷市）　仙台市立高砂小学校　**ＮＰＯ法人飯田ボランティア協会**（長野県飯田市）　長野県高森町　同県松川町　三和コミュニティ（茨城県古河市）　宮城県刈田郡七

ヶ宿町　仙石町内会（仙台市宮城野区）　仙台市立田子中学校　宮城県立図書館　南蒲生浄化センター（仙台市宮城野区）　福田地区町内会連絡協議会（仙台市宮城野区）　仙台市　福田町横丁町内会（仙台市宮城野区）　東北電力㈱塩竈営業所（宮城県塩竈市）　東北福祉大学学生生活支援センターボランティア支援課（仙台市）　宮城県栄養士会　㈱大潟村あきたこまち生産者協会（秋田県）　一般社団法人宮城県建築士事務所協会仙台東支部　大倉地域元気な街づくり協議会（山形県村山市）　仙台市宮城野区社会福祉協議会　ＮＰＯ法人防災・減災サポートセンター（仙台市泉区）　パン工房くるみの木（仙台市青葉区）　仙台市宮城野環境事業所　エリアマネージャーおがる部（仙台市）　なかよし保育園（新潟県柏崎市）　荒浜町町内会（同）　栗原市役所花山総合支所石楠花センター（宮城県栗原市）　みちのく伝創館（同）　みやぎ尾花沢会（尾花沢市）　**藤岡自治会**（静岡県藤枝市）　**青山町内会**（宮城県宮城郡利府町）　**仙台プロパン㈱**（宮城県多賀城市）　ＮＰＯ法人イコールネット仙台　せんだい女性防災リーダーネットワーク　白馬村社会福祉協議会（長野県）ほか多くの皆さま

■**資料提供**　澤田結基（福山市立大学）　東北福祉大学学生生活支援センターボランティア支援課　上高田住民フォーラム（東京都中野区）　岩切の女性たちによる防災宣言をつくる会（仙台市宮城野区）

■**写真提供**　塩竈市　仙台市　東北福祉大学学生生活支援センターボランティア支援課　山田みらい（東京都三鷹市）

菅原　康雄
三好亜矢子

著者紹介

菅原康雄（すがわら・やすお）

1947年、宮城県塩竈市生れ。獣医師。宮城県仙台市宮城野区福住町町内会長。菅原動物病院院長。1971～84年、宮城県仙台市役所に勤務。1985年、菅原動物病院開業。1999年、福住町町内会会長に就任。2005年、「防災功労者　防災担当大臣表彰」受賞。2013年、総務省消防庁長官より「災害伝承10年プロジェクト」委嘱。現在、宮城大学（旧・宮城農業短期大学）、東北福祉大学兼任講師。

三好亜矢子（みよし・あやこ）

1956年、愛媛県松山市生れ。家庭通信社記者。東日本大震災以後、福島県二本松市の有機農家との交流を行う市民グループ「てふてふねっと」創設、援農ツアー主宰。映像プロデュース作品に、阪神淡路大震災における避難所を描いた『すきなんや　この町が～1995・神戸・ある避難所の記録』（ドキュメント・アイズ、日本語・英語版、1996年）を制作。編著書『3.11以後を生きるヒント――普段着の市民による「支縁の思考」』（共編著、新評論、2012年）ほか。

仙台・福住町方式　減災の処方箋

1人の犠牲者も出さないために

（検印廃止）

2015年4月15日　初版第1刷発行

著　者　菅原康雄
　　　　三好亜矢子

発行者　武市一幸

発行所　株式会社 新評論

〒169-0051 東京都新宿区西早稲田3-16-28
http://www.shinhyoron.co.jp

TEL 03（3202）7391
FAX 03（3202）5832
振替 00160-1-113487

定価はカバーに表示してあります
落丁・乱丁本はお取り替えします

装幀　山田英春
印刷　フォレスト
製本　中永製本所

ISBN978-4-7948-1001-4
Printed in Japan